北京建筑大学校史教育系列教材

北京建筑大学
校史中的革命历史印记

红色工学

李守玉　孙希磊◎编著

光明日报出版社

图书在版编目（CIP）数据

红色工学：北京建筑大学校史中的革命历史印记 /
李守玉，孙希磊编著 . -- 北京：光明日报出版社，
2024. 7. -- ISBN 978-7-5194-8126-1

Ⅰ . G649. 281

中国国家版本馆 CIP 数据核字第 2024Y6M975 号

红色工学：北京建筑大学校史中的革命历史印记
HONGSE GONGXUE: BEIJING JIANZHU DAXUE XIAOSHI ZHONG DE GEMING
LISHI YINJI

编　　著：李守玉　孙希磊

责任编辑：王　娟　　　　　　　责任校对：许　怡　温美静
封面设计：中联华文　　　　　　责任印制：曹　净

出版发行：光明日报出版社

地　　址：北京市西城区永安路 106 号，100050

电　　话：010-63169890（咨询），010-63131930（邮购）

传　　真：010-63131930

网　　址：http://book.gmw.cn

E － mail：gmrbcbs@gmw.cn

法律顾问：北京市兰台律师事务所龚柳方律师

印　　刷：三河市华东印刷有限公司

装　　订：三河市华东印刷有限公司

本书如有破损、缺页、装订错误，请与本社联系调换，电话：010-63131930

开　　本：170mm × 240mm

字　　数：132 千字　　　　　　印　　张：11.5

版　　次：2024 年 7 月第 1 版　　印　　次：2024 年 7 月第 1 次印刷

书　　号：ISBN 978-7-5194-8126-1

定　　价：68.00 元

序　言

北京建筑大学（简称"北建大"）源自 1907 年的京师初等工业学堂。学校诞生之初，在中华民族遭受深重的内忧外患之际，秉承"兴学储才、实业救国"的时代重任，始终践行"实事求是、精益求精"的校训精神，开启了中国近代工业职业教育先河。伴随着中国近代风起云涌的新民主主义革命浪潮，一代又一代北建大人前仆后继、英勇斗争，谱写了一曲砥砺奋进、坚守初心的慷慨壮歌。

知史而明鉴，识古而知今。为了更好地传承红色基因，铭记百年校史，本书编写组以"红色工学"为主题，在百年校史基础上，整理了这部红色校史。主要内容是 1921 年中国共产党成立至 1949 年中华人民共和国成立及之后的一段时间，学校师生在中国共产党的坚强领导下，为争取民族独立、人民解放而斗争所培育、形成和展现的革命历史和红色文化。本书力图从工科学校的视角，挖掘红色基因，弘扬革命传统，彰显"红色＋工科"的文化特色，是学校在中国共产党领导下"为中国人民谋幸福、为中华民族谋复兴"的初心和使命的重要体现。

希望通过本书，进一步凝练学校优良的精神文化传统，弘扬北建大精神，激励广大师生员工接续奋斗、勇毅前行，开启建设高水平特色型大学发展新征程，汇聚全面建设社会主义现代化国家、实现中华民族伟大复兴中国梦的时代力量。

本书编写组

2023 年 12 月

目 录
CONTENTS

01

上篇 历史篇

北京建筑大学源于1907年清政府成立的京师初等工业学堂，历经高工建专、中专和大学等发展阶段，筚路蓝缕，依次递进，开拓创新，砥砺前行，为首都北京乃至全国城乡建设培养大批优秀人才，至今已走过百余年的历史春秋。今天，作为北京地区唯一一所建筑类高校，学校已逐步发展成一所具有鲜明建筑特色、以工为主的多学科高水平特色型大学，肩负着为国家和首都城乡建设事业提供人才保证、科技支撑和智力支持的重要使命。

兴学百余载，初心贯始终。纵观学校百年发展历史，北京建筑大学历经时代变迁，始终坚持初心使命，为党育人，为国育才，推动城乡社会发展，逐渐成为一所立足首都、享誉全国、办学特色鲜明的工科学府。最初，学校在中华民族遭受深重的内忧外患中诞生，秉承"兴学储才、实业救国"时代重任，以振兴工业和增进民生福祉为办学宗旨，强调实业技术与职业技能教育和训练，践行"实事求是、精益求精"的校训精神，办学方针明确，学校特色鲜明，校风严谨淳朴，开启了中国近代工业职业教育先河。

同时，我们更应该看到，在北京建筑大学百年历程中，伴随着中国近现代风起云涌的新民主主义革命浪潮，北京建筑大学书写了学校历史上极为光辉的红色篇章，具有悠久的革命历史传统，蕴含着丰厚的红色文化底蕴，在百年校史中占有重要地位和珍贵价值，"红色工学"特点鲜明。学校"红色工学"的光荣传统是在怎样的时代背景下产生的？众多师生又是怎样劈波斩浪、砥砺奋斗，融入和投身到中国革命的时代洪流中的？

本书所说的"红色工学"，力图展现学校红色历史以及发展脉络，从工科学校的视角，挖掘红色基因，彰显"红色＋工科"的文化特色。

因为，北京建筑大学是一所具有光荣革命传统的学校，同时，作为北京的地方学校，必然与北京地区的红色文化产生密切的联系。换言之，深入挖掘和展示学校"红色工学"的关键，就是认识它在北京红色文化中的特殊地位、重要意义和文化价值。

北京是千年古都，有着丰厚的文化积淀，既是一座具有悠久历史的文化名城，也是红色文化之都，在近现代中国人民争取国家独立和民族解放的革命洪流中，始终扮演着重要的角色，发挥着巨大的作用。在此基础上，北京红色文化孕育而生。

北京红色文化，主要是指1921年中国共产党成立至1949年新中国成立之间，中国共产党在北京地区领导人民群众为争取民族独立、人民解放而斗争所培育、形成和展现的革命文化。北京红色文化的核心和本质，就是中国共产党"为中国人民谋幸福、为中华民族谋复兴"这一初心和使命在北京地区的体现和反映。因此，北京红色文化与中国共产党北京历史有着密切的联系，是中国共产党在北京革命活动、工作、斗争中培育、形成和展现出来的。

中国共产党这艘红船，在上海制造，在南湖启航。追根溯源，首先是在北京孕育的。[①]北京是中国共产党早期革命活动的重要地区，北京发生的许多事件，如五四运动、"一二·九"运动等，都对全国产生了重大影响，起到了引领作用。1949年1月北平和平解放后，中共中央决定定都北平，在此指挥夺取了中国革命的最后胜利，举行了开国大典，建立了中华人民共和国，中国历史也翻开了新的一页。

---

① 李忠杰."红色文化丛书"序言［M］//孙希磊，张守连，肖建杰.北京红色地标.北京：北京出版社，2020：3.

如果我们翻开北建大的百年校史，就会清晰地看到：学校自诞生之日起，就与中国历史命运紧密相连，与时代进步潮流息息相关，与国家独立和民族复兴同频共振。

1840年鸦片战争以来，随着西方列强侵略中国的深入，腐朽的清王朝危机四伏，中国逐渐沦为半殖民地半封建社会，国土沦丧，主权丧失，国家积贫积弱，经济落后，民不聊生。为反抗帝国主义侵略和奴役，挽救民族危亡，救亡图存，探索国家振兴道路，爱国志士和先进分子前仆后继，艰辛探索，提出"兴学储才、实业救国"等爱国主张。正是在这样的时代背景下，在近代中国内忧外患的激烈社会动荡和转型中，北京建筑大学最早的前身——京师初等工业学堂诞生。

"十月革命一声炮响，给中国送来了马克思列宁主义"，1919年五四运动后，中国进入新民主主义革命历史阶段，马克思主义在中国广泛传播，无产阶级开始登上中国政治舞台，工人运动风起云涌，1921年中国共产党成立，由此揭开了中国革命的新篇章。北京作为最早传播马克思主义和孕育中国共产党的重要基地，成为先进思想最为活跃、革命活动最为集中的地区，中国共产党的一些早期领导人，如李大钊、邓中夏、赵世炎等，积极在北京开展革命活动，吸引广大爱国青年和先进分子投身其中。

在中国共产党的领导下，学校的"红色工学"就此拉开了序幕。

早在大革命时期（1924—1927），学校就有进步学生在中国共产党的领导下，开始从事革命活动。在抗日救亡运动和抗战期间（1931—1945），学校师生积极投身于激烈的全民族抗战的时代洪流中，辗转迁移，实业救国，支援抗战。解放战争中（1946—1949），学校成立了第一个地下党支部，带领广大师生员工，在国统区"第二条战线"开展英勇斗争，为迎接北平和平解放发挥了重要作用。新中国成立后，北京成为新中国首都，学校在北京市委和各级党组织的领导下，迎来了大发展新阶段，成为首都城市建设的一支生力军。广大师生发挥专业和技术优势，教育与生产相结合，理论与实践相结合，学以致用，服务社会，在首都城市建设领域产生了较大影响。从首都城乡公路、桥梁、水库的工地一线，到城市市政设施、厂房、剧场、住宅施工现场，到处都有学校师生的身影，在新中国国庆"十大工程"（1958）中，更有学校师生参与设计规划和施工建设的感人故事。

从上述的红色历史发展脉络中，不难看到学校所具有的红色文脉，蕴含着深厚的红色文化资源和光荣的革命传统。从学校的早期历史到新中国成立初期，学校的革命传统代代相传，革命人物层出不穷，红色历史传承至今，成为推动和鼓舞学校事业不断发展的强大精神力量。

学校百余年发展历史，一方面是以兴学储才、实业救国为己任，开创近代工业职业教育之先河；另一方面，学校始终与国家发展和民族振兴同呼吸共命运，跟着共产党走，追寻时代脚步，在党的坚强领导下，追求光明前景、走向革命道路，以无私奉献和敢于担当的精神投身国家和民族复兴大业，孕育了爱国、救国、强国以及科技、实业、实践为特点的优良文化基因，形成了以爱国奉献为核心、坚毅笃行为品格、诚信朴实为本色、敢为人先为追求的"北建大精神"。无疑，这些精神内涵与优良传统的背后，都深深地打上了红色文化的鲜明烙印。

下面，就让我们沿着北京红色文化的发展脉络，去追忆和缅怀革命先辈的革命事迹，去探索和梳理学校的红色历史，继承光荣传统，赓续红色基因。

一、五四运动 萌生红色基因

1919年5月4日，在北京爆发的五四运动是我国新民主主义革命的开端，也是中国近现代学生运动的新开端。五四运动中，北京的十几所大中专院校的数千名学生率先起来，站到运动的前列，不畏军阀政府的镇压，奋起抗争，奔走呼号，起到了唤醒广大民众争取国家独立和人民解放的先锋作用。

在这场波澜壮阔的革命运动中，就有北建大师生的身影，留下了后来在学校长期任教的一位老教育家的足迹。

胡泽生曾在北平市市立高级工业职业学校①担任数学教师，讲授大代数和微积分等课程，1945年抗战胜利后，曾任学校教务主任。②胡泽生先生早年毕业于北京大学工学院，作为北大青年学生，曾参加了五四运动当天的示威游行活动，亲身经历"火烧赵家楼"，抗议巴黎和会的外交失败，表现出那一代五四青年英勇无畏的爱国情怀。在学校工作的前后时期，他还在北京的几所知名中学任教，由于教学水平精湛，尤其擅长三角函数，被誉为当年京城中学界著名的"数学三杰"之一。他曾经教过的一位学生，后来成为中国著名作家的刘绍棠回忆："胡先生为人刚正，但是秉性中和。他的儿女众多，都是共产党员；有的在抗日战争时期就参加了革命，入了党……我做胡先生的学生时，

---

① 北京建筑大学的前身之一。1945年8月15日，日本帝国主义宣布投降。1945年8月21日，国民政府将"北京"重新更名为"北平"。同年10月，学校更名为"北平市市立高级工业职业学校"。

② 北京建筑大学校史工作组.北京建筑大学校史史料汇编：上（1907—2016）[M].内部刊，2016：135.

胡先生已经50多岁了。……老先生年高德劭，却喜欢穿学生装，不肯穿长衫，也许是想在衣着上保留五四运动的朝气。"[1]

五四时代的青年学生，关心祖国的前途命运，坚持民主和科学，追求革命真理，宣传和传播马克思主义，决心走与工农相结合的道路，为我国青年树立了光辉的榜样。同样，受到过五四运动洗礼的一代学校先辈，在学校办学历史上也发挥出教书育人的重要作用。

五四运动后，以李大钊为代表的一批具有初步共产主义思想的先进分子，在北京筹备中国共产党的成立。1920年10月，李大钊领导建立了北京共产党小组，11月，北京社会主义青年团宣告成立。1921年7月，随着中国共产党的诞生，中国革命揭开了新篇章。随后，在党的二大上，中国共产党制定了第一个彻底的反帝反封建革命纲领，领导广大人民群众，开展争取国家独立和民族解放的斗争。1924—1927年，为反抗帝国主义压迫和推翻北洋军阀统治，国共第一次合作，国民党经过改组，确立了"联俄、联共、扶助农工"的三大政策，以广东为中心，建立黄埔军校，支持工农运动，进行北伐战争，中国进入国民大革命的历史时期。

在大革命的风暴中，学校的先进青年接受进步思想，在中国共产党的领导下积极投身革命运动。其中，于树功就是学校一位早期的中国共产党党员，他英勇无畏的革命精神、艰苦卓绝的斗争经历，成为学校红色校史中光辉的一页。

于树功（1899—1985），河北静海县人，1924年进入京师公立

---

① 刘绍棠.怀念恩师胡先生［M］//刘绍棠.蒲柳人家.武汉：长江文艺出版社，2020：224.

职业学校 ① 金工科学习。他之所以走上革命道路，是深受其堂兄于树德的影响。

于树德（1894—1982）是中国共产党早期北方党组织的领导人之一，早年加入同盟会，参加过辛亥革命。后入天津北洋政法学堂读书，是李大钊的同学。1922年6月，经李大钊介绍加入中国共产党。1924年1月在广州出席国民党一大，被选为国民党中央执行委员。不久返回北方开展工作，协助李大钊领导北方地区工作，领导北京、天津等地的学生运动。②1925年参与领导国民会议促进会活动，对推进北方地区国民革命运动起到重要作用。同时，他是我国早期合作社思想传播者之一，是我国现代信用合作运动的先驱者之一。于树功就是在他的影响和引导下，进入学校学习，追寻真理，开始走上革命道路。

1925年春，于树功经李大钊介绍加入中国共产党。10月初，受党派遣留学苏联，先入莫斯科中山大学，后进莫斯科炮兵学校。1929年10月回到东北从事革命斗争，1931年3月，不幸被伪满当局逮捕，判处无期徒刑。在狱中，他遭到严酷迫害但仍坚贞不屈，坚持斗争，策反了一名监狱看守。1939年9月，在于树功的精心策划下，他与一名战友和一名监狱看守越狱成功，一时引起日伪军警当局的极大恐慌。面对严重的白色恐怖，他们英勇顽强坚持斗争，直到最后全国胜利。1950年6月，他重新加入中国共产党。先后在北京市人民政府研究室

---

① 北京建筑大学的前身之一。1922年，北洋政府颁布了《学校系统改革案》，史称"壬戌学制"，把原来清末民初的实业学校改为职业学校，实业教育改为职业教育。根据这一新学制，学校于1923年8月更名为"京师公立职业学校"。

② 贾天运.李大钊与于树德的革命友谊［J］.天津市政法管理干部学院学报，2000（2）：36.

和文物工作队工作。2012年，于树功成功越狱的传奇故事被改编为一部热播的红色电视剧《地火》，引起很大反响。

1926年，国民大革命进入高潮，在中外反动势力实行白色恐怖的危难关头，为保护被北洋政府"通缉"的李大钊，曾担任过北平市市立高级工业职业学校校长的李庆深挺身而出，将李大钊、杨景山等中共北方区委主要负责人隐藏起来，继续从事革命活动。

当时，全国各地的反帝反封建斗争进入白热化阶段，北京又是北洋军阀的统治中心，李大钊领导的北方革命运动更趋激烈，在中共北方区委的领导下，学生运动风起云涌。3月，冯玉祥的国民军和张作霖的奉军激烈交战，日本支持奉系军阀，派遣军舰进逼天津大沽口，炮击国民军阵地。3月16日，日本联合英、美等八国援引《辛丑条约》，向段祺瑞政府发出撤除大沽口防务的最后通牒，史称"大沽口事件"。在中共北方区委和国民党北京执委会的领导下，北京学生5000余人在李大钊等的率领下于18日在天安门集会，通过了拒绝八国最后通牒、驱逐帝国主义公使、立即撤离外国军舰、组织北京市民反帝大同盟等决议。会后，群众举行游行请愿，在执政府门前遭到段祺瑞卫队的疯狂屠杀，当场死47人，伤199人。这就是震惊中外的"三一八惨案"，鲁迅先生称之为"民国以来最黑暗的一天"。之后，北洋政府大肆搜捕革命志士，下令查封国民党市党部，通缉李大钊、李石曾、徐谦等50余人。当时担任中法大学附属西山温泉中学校长的李庆深，在李石曾的支持下，将李大钊、杨景山等革命者隐藏在温泉中学校园内，保护了一批革命力量。

1927年4月28日，中国共产主义运动的先驱，伟大的马克思主义者，杰出的无产阶级革命家，中国共产党的主要创始人之一李大钊惨遭反动军阀绞杀，年仅38岁。李大钊把自己的一生献给了为中国人民谋幸福、为中华民族谋复兴的伟大事业。今天，当我们深切缅怀革命先驱李大钊时，不能忘记学校先辈们曾经有过掩护李大钊的这一段光荣历史。这段历史在学校早期校史上写下了极为光辉的红色篇章。

在这里，我们不应该忘记当年保护李大钊的时任温泉中学校长的李庆深同志。他是河北高阳人，中共地下党员。1916年考入天津北洋大学预科，1919年入该校采矿冶金系学习，曾积极参加五四运动，1920年转入北京大学理学院化学系，1922年毕业后应李石曾聘请到中法大学附属西山温泉中学任职。1945年10月，抗战胜利不久，李庆深就任北平市市立高级工业职业学校校长，为学校恢复发展、迎接抗战胜利，做出了很大贡献。1947年，多年从事党的地下工作的李庆深正式加入中国共产党。

二、抗日救亡　英勇奋斗

1931年9月18日，日本帝国主义在东北发动震惊中外的"九一八事变"。随后，日本不断扩大侵华规模，将侵略的魔爪伸向华北，中华民族面临严重的危机。全国人民纷纷要求国民党政府放弃不抵抗政策，抗日的声浪此起彼伏，爱国主义情感迅速高涨，广大人民群众和进步学生纷纷走上街头进行抗日救亡宣传，有的拿起武器奔赴抗日最前线。身处华北抗日第一线的平津等地爱国青年立即行动起来，迅速掀起了一场声势浩大的抗日救亡运动。在这场革命运动中，学校广大师生挺身而出，与北平其他院校师生一起，奔走呼号，宣传抗日，汇聚成一股强劲的时代洪流。

当时，学校的名称是"北平市市立职业学校①"，简称"北职"。学校规模虽不大，仅设机械、化学二科，学生一百余名，办学却极富特色。学校重视实践教学和生产实习，学生多来自北平或河北等省的贫苦家庭，校风淳朴，学生刻苦学习，思想进步，受到时代感召，积极参加北平学界组织的抗日救亡运动。

北平市市立职业学校校门（1933年）

1931年10月，"九一八事变"爆发不久，北平各校学生抗日救国联合会（抗日进步社团）发出倡议，号召全市学生，利用"双十节"举行大规模的抗日宣传活动；动员在北平的各大专院校、中学、职校的广大学生，以"通缉卖国贼""救亡抗日"为口号，在前门、西单、东四等繁华闹市区进行抗日宣传活动。活动当日组织者进行了严密分

————————
① 北京建筑大学的前身之一。1930年12月，"京师公立职业学校"更名为"北平市市立职业学校"。

工：将全市的中心区划分为八个片区，每个片区组织所在学校的师生走上街头，分区演讲，宣传抗日。北平市市立职业学校被分配到其中的第六区，以东单、东四、朝阳门地区为中心（学校紧邻该地区，交通便捷），与其他院校一起参加了这次抗日活动，成为这次活动的一支生力军。[①]

日本帝国主义稳定了在东北三省的殖民统治以后，又得寸进尺，向关内进犯。1933年5月，日军继续入侵中国华北地区，长城抗战爆发。6月13日，学校教师代表参加了北平全市教育界组织的向南京政府抗议请愿活动，以"北平市立中小学联合会"的名义通电全国，抗议南京政府大幅度削减教育经费、损害广大中小学教师权益等错误行径。[②]

1935年，日本帝国主义向南京国民政府提出对华北主权的无理要求，调集大批日军入关，迫使国民党当局相继与之签订《秦土协定》《何梅协定》，攫取了冀察两省的大部分主权。接着，日本侵略者又公然支持汉奸，策划"华北五省自治运动"，企图将华北、平津地区从中国分离出去，把华北变成"第二个满洲国"。华北危在旦夕，"中华民族到了最危险的时候"。北平学生沉痛地表示："华北之大，已经安放不下一张安静的书桌了！"一股强烈的民族危机感在广大青年学生的心中涌动。

在这一紧要关头，中共中央于1935年8月1日发表《为抗日救国

① 中国抗日战争史学会，中国人民抗日战争纪念馆.抗日战争时期重要资料统计集［M］.北京：北京出版社，1997.

② 邓菊英，高莹.北京近代教育行政史料［M］.北京：北京教育出版社，1995.

告全体同胞书》(《八一宣言》)，提出停止内战，一致对外，建立抗日民族统一战线，成立抗日联军和国防政府，组织全民族一切力量反对日本帝国主义侵略的主张。同年10月，工农红军经过二万五千里的长征胜利到达陕北。中共《八一宣言》和红军长征胜利的消息传到北平后，在人民群众中立即引起强烈反响。当时，中共北平临时工委成立后，因势利导，为加强青年学生工作，成立了北平学生联合会（简称北平学联），决定发动一次抗日救亡运动。为抗议国民党当局在北平成立的傀儡机构"冀察政务委员会"，北平学联决定发动北平各校学生向国民党政府请愿，反对这一机构的成立。12月9日，中国历史上又一次具有重大意义的抗日爱国运动爆发，这就是著名的"一二·九"运

尹鸿儒（选自北京航空航天大学档案馆）

动。在这一次运动中，北平各所大中专院校的数千名学生冲破军警阻拦，通过集会、罢课、请愿、游行、示威等行动，提出反对分裂图谋，停止内战、一致对外，保障人民各项民主权利等主张，引起全国的强烈反响。

进步学生尹鸿儒（1936年7月至1937年6月在北平市市立高级职业学校[①]土木工程科学习）在来校

---

　①　北京建筑大学的前身之一。1933年7月，随着北平市市立职业学校初级班毕业，学校开始招收高级机械、化学科新生各一班，从此学校升级为高级职业学校。同年10月，学校正式更名为"北平市市立高级职业学校"。

学习之前，积极参加了"一二·九"运动，全面抗战爆发后参加革命，1938年加入八路军。历经抗日战争、解放战争的艰苦岁月，尹鸿儒成为我党我军的一名高级干部。新中国成立后，他成为我国航空工业战线的一位重要领导干部，曾任北京航空学院副院长。

1937年7月7日，日本侵略者在卢沟桥发动了"七七事变"，中国军队奋起抵抗，抗日战争全面爆发，中华民族同仇敌忾，掀起了一场捍卫国家领土主权的正义战争。7月29日北平沦陷，面对国难当头、民族危机加深的时刻，学校广大师生被迫中断学业，积极投身到抗日战争之中。

"七七事变"之后，许多进步师生愤然离开北平，或投笔从戎，参加八路军，或辗转迁移，转移到大后方，技术报国、实业救国，积极支援抗日战争。

时任校长李潭溪毅然转移到西北大后方，组织领导抗战物资生产和科学研究，学以致用，支援抗战。①他先后在陕西、甘肃等地，担任西安临时大学、西北联合大学工学院的教授，讲授制革学、油脂

李潭溪

① 李潭溪，著名化工专家，早年留学海外，1929年3月至1937年7月任北平市市立高级职业学校校长。任职期间，使学校从初等职业学校跃升为国内较为知名的中等职业学校。

工业、化学工业及无机化学等课程。1938年西北联大撤销后，该校的理、工、农、医等学院分别成立独立学院继续办学，他又在西北工学院担任化学系教授并兼任系主任。

抗战期间，陕南汉中地区的蜡烛和肥皂异常缺乏，他便利用当地材料桐籽灰提取和制作烧碱，加上当地产的乌桕油试制肥皂，获得成功。他还改良当地原产的桕脂做成蜡烛。他与几位西北工学院的毕业生一起在陕南城固县成立油脂化工厂，生产肥皂和蜡烛等日用化学品，补充大后方市场的供应。1943—1945年，陇海铁路的洛阳至天水段，因受到日军封锁，机车用的气缸油进口受阻，火车运输困难。于是，李潭溪开始研制气缸油和刹车油并获得成功，之后，又在西安成立化学工业社，正式批量生产，并投入机务部门使用，保障了陇海铁路的机车运输，有力地支援了抗战。

另一位曾任学校校长的于桂馨（1926—1928年任京师公立职业学校校长），也在抗战期间做出过巨大贡献。于桂馨早年作为河北公费生考入香港大学学习机械工程，毕业后曾在平津地区从事教育工作，担任过学校教员，后任校长2年，之后考取公费留学资格，入英国学习造纸机械。回国后在天津任职，全面抗战爆发后转移到重庆，在重庆创办造纸厂，为我国的造纸工业做出贡献。1942—1943年，他又到西北大后方的宝鸡，利用申新公司纱厂的废弃棉纱，试制生产纸张。① 他设计出一台787毫米的单缸单圆网造纸机，在宝鸡十里铺筹建宏文机

---

① 申新公司，即由著名民族工业资本家荣氏家族创办的"申新纺织公司"。全面抗战爆发后，申新公司汉口分厂转移到重庆、宝鸡，得以保存，其余工厂在战火中破坏严重。本书提到的即为迁至宝鸡的纺织厂。

器造纸股份有限公司投入生产。①

在李潭溪校长等一批优秀师长、先辈的影响下，学校一直保持着"工业报国"的理想，形成了爱国爱民为本色的"红色工学"传统和浓郁的红色文化氛围。学生们踊跃参加抗日救亡运动，涌现出勇于为国献身的先进知识分子。首届土木科学生折炳耀就是其中一例。他在"七七事变"爆发后回到家乡甘肃武威，投身抗日活动，曾加入"甘肃青年抗战团武威分团"并任团长，发动组织群众，在家乡广泛开展对敌斗争。

尹鸿儒、折炳耀等一批青年学子，成为学校在抗日战争中涌现出的革命战士杰出代表。

留守在北平的学校师生，在日伪当局的严酷统治下，不畏艰险，坚持办学，薪火相传，为国家的复兴和民族解放做出贡献。1940年8月，曾经担任过北京第四中学教师的李直钧接任学校校长一职。②李直钧校长为人诚朴敦厚，治学严谨，通晓多国语言，教学水平很高。他担任校长期间，抗日战争正处于相持阶段，在险恶困难的环境中，他坚持正义，宣传爱国主义思想，在讲授工程材料力学课程时，理论联系实际，很受学生的欢迎。他经常利用假期带领学生外出参观厂矿企业，重视培育学生工程实践能力，在艰苦环境下努力为国家培养人才。

在于桂馨、李潭溪、李直钧等诸多先辈的带领和引导下，学校在

---

① 北京建筑大学校史工作组.北京建筑大学校史史料汇编：上（1907—2016）[M].内部刊，2016：44.

② 李直钧（1893—1989），字树城，北京顺义人，1922年毕业于北京大学土木工程系，历任工程师、中学教师，于1927年创办直钧小学，1940年7月至1945年8月任北平市市立高级职业学校校长，是享誉京城的教育家。

筚路蓝缕中艰难发展，积累了丰富的中等职业教育的办学经验，虽然遭到日寇侵略而沦陷渊谷，办学日益艰辛，但学校广大师生同仇敌忾，在逆境中坚持，在困难中奋进。

三、成立地下党支部 战斗在"第二条战线"

解放战争期间，在中国共产党的领导和推动下，以学生为先锋的爱国民主运动同国民党当局之间的斗争，逐步形成配合全国解放战争的第二条战线。

1945年8月15日，日本帝国主义宣布投降，第二次世界大战胜利结束，中国长达14年之久的抗日战争宣告全面胜利。

这时，学校经过全面抗战的8年，又重新恢复发展。学校名称改为"北平市市立高级工业职业学校"，简称"市立高工"。其间，广大师生发挥"红色工学"光荣革命传统，在中国共产党的坚强领导下，建立了地下党组织，团结进步学生，积极行动，勇于斗争，投身到解放战争的革命洪流，在国统区北平开展地下斗争，成为党领导的"第二条战线"的一支生力军，为北平的和平解放做出了贡献。

抗战胜利后，国民党政权推行"亲美反共"的反动政策，一方面获得大批美援，与美国政府签订了一系列不平等条约，卖国行径愈演愈烈；另一方面推进反共步伐，加紧军事行动，包围和进攻解放区，内战的危险日益加深。同时，在国统区实行高压政策，派出"接收大员"四处劫掠，倒行逆施，其腐败行径激起了华北地区广大人民的强烈不满和反抗，以平津为中心的国统区开始了一场新的斗争。其中，尤其以北平城兴起的学生爱国民主运动最为激烈。

　　为领导华北地区的革命斗争，在国统区掀起更大的革命风暴，根据中共中央指示，1944年6月，成立晋察冀分局城市工作部，刘仁任部长，并陆续向北平派遣一批干部，开展地下斗争。1945年8月，抗战胜利后，中共晋察冀中央局成立了中共北平市委，并先后建立了学生工作委员会（简称"学委"）、工人工作委员会、铁路工作委员会、平民工作委员会、文化工作委员会等组织。佘涤清任学委书记，委员包括王汉斌、张大中、杨伯篯等一批老革命家，主要开展北平各大专院校的工作。在北平地下党的领导下，组织发动群众，开展革命斗争。在"反劫收""反甄审"等运动中，起到重要的领导作用。同时，发动青年学生，组建进步社团、办墙报、出刊物，宣传党的主张，宣传新民主主义理论，传播进步书刊，组织进步学生赴解放区参观，积极发展党组织和党员队伍，迅速在国统区形成一股强大的革命浪潮。当时，几乎所有的大学和高校都建立了党组织，大部分的中学、职校、小学也相继建立了党支部，具有悠久办学历史的京城著名"市立高工"当然也不例外。

　　1946年9月，就在解放战争爆发不久，中共北平地下党在市立高工建立了第一个党支部，王大明为书记，支部委员有李森、肖鸿麟，隶属中共晋察冀中央局城工部，后由北平地下党学生工作委员会（简称学委）直接领导。王大明，1944年考入学校机械科，1946年加入中国共产党，在校期间投身革命工作。新中国成立后，在北京市担任过很多重要职务，为首都建设发展做出了杰出贡献。据王大明同志回忆："市立高工地下党支部自始至终是在北平地下党学生工作委员会直接领导下工作的。学生工作委员会的李青（薛成业）、黎光、杜平先后领导我们开展工作，每月至少见面两次，传达上级指示，布置工作任务、分析形势，研究对策，确定斗争目标和斗争方法。"①在北平地下党组织的坚强领导下，学校革命工作迅速开展起来。

1948年，学校地下党支部的第二任书记是钱统超，副书记为张振瑞，支委是徐德琛、杜声桐。其间，党员队伍进一步壮大，发展了25名中共地下党员。1947年，市立高工党支部执行上级指示，在学校成立了党的外围组织"民主青年联盟"（简称"民联"），先后发展了43人（后有20人加入中国共产党），党组织的力量进一步扩大，影响力更加深远。这样，以地下党支部为核心，以党的外围组织和进步学生为主体，组织和发动广大教职员工，宣传党的政策，在国统区北平开展革命工作，有力推动了党领导下"第二条战线"的革命斗争。

他们主要开展了以下革命活动：

第一，建立秘密工作站点，领导地下斗争。市立高工党支部在北平地下党学委的直接领导下工作，先后建立了两个秘密工作站点。一个是1946年9月至1948年5月，在原北平城内二区宗帽四条胡同甲6号肖鸿麟家；另一个是1948年5月至1949年1月，在原北平城内三区马将军胡同15号（现东旺胡同33号）徐德琛家。②这两个工作站的主要工作，是负责传达上级党组织布置的各项任务、研究支部的重点工作、收听并记录延安广播电台的消息、传递宣传材料、负责转移中共地下党员和进步学生去解放区等，是地下党支部传达党中央和上级指示、部署地下斗争的重要节点。

---

① 彭积冬.东城党史文萃：下［M］.北京：同心出版社，2015：374.

② 《北京建筑大学校史》编写组.北京建筑大学校史：1907—2020［M］.北京：光明日报出版社，2022：39.

　　之所以选择在这两家设立秘密工作点，是基于这两家较好的环境。肖鸿麟的祖父和徐德琛的父亲都是破产的民族工商业者，家道中落，在日伪统治时期和国民党统治时期都深受其害，激起他们向往光明、企盼解放的爱国热情，因此，他们对地下党支部在他们家里的革命活动很支持并提供了很多帮助。每次上级交代的任务、支部活动、收听延安电台广播、传递宣传材料、中转地下党员去解放区，大多数是利用这两个据点进行，对两届支部委员来讲，这里实际上起到了"根据地"的作用。

　　第二，瓦解反动组织，扩大进步力量。由于地处华北中心城市北平，1945年8月日本帝国主义投降后，学校很快成为中共北平地下党与国民党、三青团争夺的重要阵地。宣传党的正确方针，争取大多数青年加入革命阵营，成为这一时期的主要任务。

　　中共中央华北局城工部在《关于目前平津学运的紧急任务的意见》中提出："团结教育广大中间群众的工作，还是校内工作的主要环节。这是一切工作的基础。对于反迫害、反饥饿、反失学、反当兵等爱国性质的斗争为广大群众所要求，应积极加以领导，不能任其自流发展，并应尽量吸收各项运动中的新涌现的积极分子参加领导。"总的指导思想是依靠进步力量，争取团结中间力量，分化孤立国民党、三青团顽固力量。① 地下党支部根据这一指示，对市立高工三青团员进行了具体分析、区别对待。对少数爱国、进步的，经过培养教育逐步发展其加入民主青年联盟，引导其积极进步，走向光明；对少数顽固坚持反动

---

① 王大明，席雄厚，肖鸿麟，等.原北平市立高工地下党对敌斗争的基本经验：争取团结中间力量发展壮大进步力量［M］//彭积冬.东城党史文萃：下.北京：同心出版社：373-374.

立场的，一要防范，二要在群众中给予打击、揭露；对大多数处于中间状态的普通三青团员，则采取观察、教育、等待的政策。通过上述政策的贯彻执行，学校党支部工作取得了很大成绩，党的组织没有遭到特务破坏，党员和盟员从未遭到逮捕和迫害，进步学生力量不断扩大，直到北平解放。

第三，创办《晨光》壁报，宣传进步思想。为了扩大政治影响，宣传中国共产党的思想和主张，地下党支部在市立高工办起了第一份红色墙报。1946年至1948年，在地下党支部领导下，各班先后出版壁报10多种，存在时间最长的出版了五六期。1948年上半年成立了壁报联合会，王大明任主席。地下党支部主办的"工声歌咏团"，是市立高工所有社团中存在时间最长、参加人数最多的一个文娱社团，具有鲜明的"红色工学"特色。全校大多数同学都参加了歌咏活动，其中进步同学占50%以上。每逢星期五课后，学生们自动集中到制图大教室里学唱解放区进步歌曲，如《游击队之歌》《黄河大合唱》《团结就是力量》等。[①]据张振华回忆："那是在1948年的7月，我清楚地记得那天，在北平大学的广场上，好多进步的学生聚在一起开晚会，为贫困的学生募捐。当时的场面特别感人，特别是我第一次听到了《团结就是力量》，那可是我从来没听过的好歌，感觉全身的血液都在沸腾，一股莫名的力量涌动在胸口。"市立高工的师生中，进步力量不断扩大。

第四，举办市民识字班，组织动员群众。1946年4月，市立高工举办民众识字班(后改为儿童识字班)。9月，地下党支部看到识字班既可扫除文盲，又可以扩大政治影响，就动员党员和进步同学积极参

---

① 北京工业学校校庆专刊：1907—2007〔Z〕.内部资料，2007年9月.

加这项工作。参加识字班的北平贫苦民众多达250余人，年龄最小的8岁，最大的18岁，其中多数是失学的城市贫民及其子弟。由地下党员张广华、王大明、徐德琛分别担任三期班主任，被聘请的教员共30余人，他们之中1/3是中共党员或进步学生。参加识字班的学生学习热情高涨，家长和学生对识字班很有感情。地下党支部通过识字班不仅帮助社会扫除文盲、利国利民，而且扩大了政治影响，发现并培养了热心于群众工作的积极分子。

第五，夺取学生自治会领导权，领导学生运动。1946年3月，市立高工成立学生自治会。自治会每学期改选一次，选举办法是每个班级推选1名代表，然后由这12名代表选举1名会长、1名副会长。最初的自治会由三青团分子把持，但经过党支部组织进步学生力量的斗争，从第三届自治会选举开始，中共地下党就掌握了主动权，并领导开展了学生活动。1947年暑假，全国学联和华北学联开展助学运动，市立高工地下党支部积极发动学生参加，成立宣募义卖大队。8月21日、22日两天，共计宣募义卖收入法币740余万元。全校有60多名同学参加了宣募义卖活动。1947年10月，在地下党支部的领导下，学生自治会出面，组织学生请愿团到北平市教育局请愿，要求市立高工实行全面公费，全校罢课一天，支持自治会的活动。1948年7月，学校成立48届同学会（校友会），编印同学录，并集资加工了一枚银戒指，正面铸有"高工"二字，背面铸有年份"1948"。为了帮助经济困难的同学，同学会发起向在北平已经就业的毕业班同学募集救济金的活动，捐赠给自治会推荐的在校贫苦同学，资助他们完成学业。

今天总结学校革命斗争历史，有很多宝贵的经验值得继承和弘扬，最具鲜明特色的就是"坚定革命理想，彰显红色工学"，在中国共产党的领导下，为人民解放事业贡献青春。当年领导地下党支部的王大明、席雄厚、肖鸿麟、徐德琛等老革命前辈撰写的《原北平市立高工地下党对敌斗争的经验——争取团结中间力量发展壮大进步力量》回忆文章，明显地体现出这一点。文章明确指出，市立高工地下党与国民党斗争之所以取得最后胜利，就是正确执行了党的政策和策略，其成功经验包括以下五点：一是党支部领导核心的相对稳定，支部人员保证工作连续不断。二是确保党员质量，加强思想政治工作。发展党员和"民联"成员，挑选品学兼优、作风正派、密切联系群众、同学中有一定威信的同学为发展对象。三是处理好与学校的关系，建立统一战线集中力量打击主要敌人。四是建立秘密工作点，为支部开展工作创造便利条件。在与国民党反动势力的斗争中，两个秘密工作据点发挥出巨大作用。五是团结大多数，区别对待普通三青团员，打入三青团领导核心，做到知己知彼。①

在解放战争中，学校革命斗争还有一个显著特点，就是学校的主要领导思想进步，支持并帮助广大学生的革命活动。面对国民党反动派白色恐怖，学校进步师生开展了坚决的斗争。当时的校长李庆深（字复生）和后来的校长曹安礼都利用他们北平教育界名人的身份，对学生进步活动给予默默支持，对进步学生予以提醒、指导和保护，对中共在学校的发展有过巨大的帮助，学校因此成为接受中国共产党影响和领导较早的北平学校之一。

1946年11月，李庆深校长辞职后，曹安礼（时任教务主任）代任校长一职，1947年6月正式任校长。曹安礼（1898—1982），又名曹典

---

① 中共北京市东城区党史研究室.东城区地方革命史话［M］.内部资料，1992：177-182.

三，河北束鹿人，1922年毕业于北京大学土木工学门，曾在天津南运河务局、保定第六中学等地工作。1937年后来北平市立高工任教，先后任教员、教务主任、校长等职。新中国成立后，任北京市立工业学校^①校长，1963年加入中国共产党。曹安礼在市立高工和北京市立工业学校从事教育工作长达32年之久，为国家工业战线培养出大批建设人才，为祖国的教育事业做出了卓越的贡献。1948年机械科毕业册中留有曹安礼的题字"精益求精"。这四个字成为学校办学精神的真实写照，是今天校训的主要内容。

曹安礼

曹安礼校长题写"精益求精"

据1948届校友崔锟（土木科9班）回忆："忆及我们在校的四年，基本上是在解放战争时期度过的。值得自豪的是，广大师生在中共地下党的领导下，开展和平民主运动，迎接北平的和平解放，

---

① 北京建筑大学的前身之一。1949年，中华人民共和国中央人民政府成立，北平重新更名为北京，北平市市立高级工业职业学校改名为北京市市立高级工业职业学校。1950年7月，更名为北京市立工业学校，简称"北京工业学校"。

发挥了重要的作用。值得庆幸的是，李复生、曹安礼两位德高望重的校长，热心教育事业，注重培养人才。学生自治会提出的一些建议与问题，只要与伪教育局的指令没有明显的对抗，他们一般都是支持和默许的。他们团结一批任教多年的老师，坚持理论联系实际的教学特点，在教学中既要求我们学懂理论，又要求我们掌握实际操作。校长和老师们循循善诱、关怀备至的情景，至今仍然历历在目。几十年过去了，一丝不苟的严谨学风一直眷留在我们心中，使我们在不同的工作岗位上，深受教益。北平解放前夕，曹校长为我们土木科九班毕业同学谋职，曾在全市各单位奔波。尽管当时经学校介绍就业的仅有二人，然而老校长确实是花费心血不遗余力了。另外一件往事，我永远不能忘怀。1948年夏，我已就业于北京市自来水公司。曹安礼校长从伪教育局获悉我被列入'黑名单'时，在一个星期日的清晨风风火火地赶到我家，及时通知这一信息，并亲切地嘱告，已经步入社会，万不可与在学校时比，为人处世务必谨慎小心。近半个世纪了，老校长的话，言犹在耳。"①

今天，在北京建筑大学校史馆一处明显位置，陈列着一件文物：这是一封珍藏了70多年的曹安礼老校长为一名普通学生求职而写的推荐信。工整隽秀的小楷，落墨于淡黄色的信笺，干净利落的笔触，简明扼要的言语，无不流露出老一辈教育家对学生的殷殷期盼："本期毕业生赵士铎，体力强健，操行优良，思想纯正，成绩中上，如能使用予以练习机会可望有所成就，兹特检同该生成绩表另函介绍。"

---

① 1948届校友崔锟（土木科9班，1948年毕业）《继承优良传统 培育建设人才》，1996年。

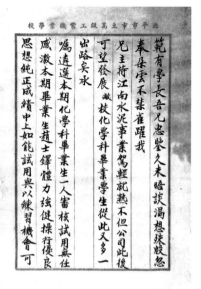

曹安礼校长为学生写的推荐信

四、护厂护校　迎接北平和平解放

进入解放战争全面胜利阶段，学校广大师生在地下党组织领导下，积极行动起来，为迎接解放战争最终胜利和北平和平解放做出了重要贡献。

1948年11月，中共中央华北局城工部部长刘仁指示北平地下党，要做好和平或武力解放北平的两手准备，要求大力宣传党的政策，发动群众护厂护校，保护文物、档案和国家财产，迎接新中国的诞生。12月初，学校地下党支部副书记、学生自治会会长张振瑞领导，在学生自治会基础上成立了"应变委员会"（后改为"迎接解放委员会"），成员包括各班的代表和部分进步教师。自治会还召开了全校师生大会，动员大家组织起来，开展护厂护校、迎接解放工作。重点是不仅要把校园、财产、设施等保护好，同时还要负责保护学校附近东四北大街的大陆银行，避免反动派势力破坏和捣乱。1948年年底的寒假，许多同学都留在学校，全力完成党的工作。

人民解放军队伍通过东交民巷，欢迎的学生登上坦克欢呼庆祝 （张祖道摄）

1949年1月31日，北平和平解放。2月3日，解放军举行了入城式。市立高工的大批同学走出校门，大家兴高采烈，欢欣鼓舞，聚集到学校附近的东四牌楼下，高举旗帜，热烈欢迎解放军，庆祝北平和平解放。2月4日、5日，中共北平市委在国会街北大四院礼堂召开第一次全市党员大会。2月12日，学校师生参加了北平庆祝解放大会。2月17日，北平地下党组织派到学校工作的杜平同志①，专门召集市立高工地下党员和民联成员开会，宣布张振瑞任党支部书记、钱统超任副书记，

---

① 杜平（女），河北保定人，生于1924年11月，1944年3月参加革命。抗战期间，晋察冀中央局城工部派她到北平做地下工作，任北平辅仁女附中地下党支部书记。解放战争中，任北京大学文学院地下党支部书记、北平地下党中学工作委员会委员等职。

徐德琛和杜声桐为支部委员。至此，市立高工党支部也由秘密转为公开，他们胜利完成了党组织部署的艰巨任务，学校在党的坚强领导下，高举革命的旗帜，迈向新中国，走进新时代。

北平解放后，为适应新形势变化，更好开展学生工作，1949年2月21日，学校成为北平市学生联合会15所执行委员学校之一，其中包括清华大学、北京大学、燕京大学、北京师范大学、汇文中学等北平知名学校。

1949年3月，北平市人民政府正式接管北平市市立高级工业职业学校、北平市市立高级商业职业学校。9月，在新中国开国大典前夕，渡过旧中国艰难岁月的市立高工的应届毕业生完成学业，为了新中国建设事业，奔赴华北各地厂矿，以煤炭、钢铁、电力、机械行业居多，成为新中国成立初期工业战线的一批建设骨干和专业人才。

五、抗美援朝　保家卫国

1949年10月1日，中华人民共和国中央人民政府成立。学校师生徒步走到天安门广场，参加了开国大典，见证了这一庄严而神圣的历史时刻。北平这座古城重新更名为北京，作为国家的首都，焕发出蓬勃的生机。学校更名为"北京市立工业学校"。学校的历史翻开了新的辉煌篇章，开辟了学校发展的新纪元。

根据中共七届二中全会精神，北京市贯彻由消费性城市变为生产性城市的城市建设方针，百废俱兴，社会各生产部门急需大量掌握专业知识、有实际工作能力的专业干部和技术人才，中等技术教育加快发展步伐。在此背景下，北京市委、市政府有计划、有步骤地对旧教育体制和学校进行改造、整顿、提高，陆续接管旧的公立高级职业学校，派遣大批政治和业务能力强的党员干部担任学校领导，建立各级基层组织，全面加强党的领导。①学校更名为"北京市立工业学校"后，面貌焕然一新。学校党支部全面贯彻党和国家在新中国初期开展的突出思想政治教育和依靠群众的教育方针。学校作为北京历史最悠久的工业技术学校，勇于担当，扩大招生规模，调整专业与学科，大力培养技术人才，以满足国家经济建设的迫切需求。

市立高工土木科第二十班暨建设局西郊测量留影（1949年）

1950年7月9日是新中国成立后学校的第一个招生报名日，不仅京津冀地区的考生热情极其高涨，全国各地的考生也非常踊跃。当天报考人数就达到3200多人，远远超过招生计划名额，报考人数超过了

① 北京普通中等专业教育志编纂委员会.北京普通中等专业教育志稿［M］.北京：朝花少年儿童出版社，2001：2-11.

预备录取人数6倍多，创造了学校办学的历史记录。这时期，学校发展很快，校园规模不断扩大，招生人数逐年递增，学生的学习积极性和政治热情空前高涨，在刻苦学习、完成专业作业之外，还积极投入各项政治活动。

但是，新中国初期的欢乐和令人激动的新气象，在1950年10月被打断了。

1950年，朝鲜战争爆发。以美国为首的"联合国军"悍然发动了侵朝战争，极大地威胁到刚刚成立的新中国，志愿军赴朝参战，保家卫国，全国人民同仇敌忾，掀起了轰轰烈烈的抗美援朝运动。在此期间，学校暂时停课，成立了抗美援朝保家卫国委员会，由校工会、团委、学生会分别组织教工、学生展开大讨论，声讨美国侵略，支持抗美援朝。

北京市立工业学校学生在天安门前参加抗美援朝宣传活动（1950年）

　　抗美援朝激发了青年学子报效祖国的决心，同学们积极参加到抗美援朝的宣传活动中，他们组织了戏剧组、歌舞组、街头宣讲组，走出学校大门，动员和宣传群众支持抗美援朝。同学们在活动中既动员了群众也教育了自己。学校各专业科组成宣传队来到天安门广场，走向各繁华街道路口，演出自编的揭露帝国主义侵略阴谋的"活报剧"。广大师生自发捐献了一大批慰问金、慰问袋送给赴朝参战的志愿军。

　　进入12月，全校学生响应号召踊跃报名参军达百余人。最后，俞大刚、唐国浩（归侨）、肖声、贾庆徽、武景厚、蔡孝琪、李广生7名同学荣获批准，投笔从戎，成为光荣的志愿军战士赴朝参战。全校师生为他们举行了隆重的欢送大会。

在抗美援朝运动中获批参军的同学留影（1950年。左起前排：蔡孝琪、俞大刚、李广生。后排：贾庆徽、肖声、唐国浩）

1950 级化工科同学欢送俞大刚（中间披红戴花者）参军留影纪念

1950 年化二乙班同学欢送唐国浩（中间披红戴花者）参军合影

在参军入伍的7名同学中，有2名同学成为光荣的人民空军战士，他们是化学科的俞大刚、蔡孝琪。其中，俞大刚同学进入航校学习，成为一名飞行员。后在北京西郊机场工作，历任领航员、参谋、领航长、领航副主任等职，由于思想先进、业务突出和技术精湛，多年承担党和国家领导人以及外事工作的国内外专机的飞行任务，受到党政军领导同志的多次接见，为新中国空军建设事业做出重要贡献。蔡孝琪同学也加入了空军部队，成为一名优秀的机场地勤人员，为飞机"保驾护航"，后在华北军区空军工程部工作。

后来，学校先后接收4名抗美援朝志愿军退伍军人来校工作，他们是张希贤、王长春、李德荣、孙茂玉。2020年11月，学校召开纪念中国人民志愿军抗美援朝出国作战70周年座谈会，为4位老同志佩戴中共中央、国务院、中央军委颁发的"中国人民志愿军抗美援朝出国作战70周年"纪念章并送上鲜花和发放学校慰问金。

张希贤，1953年春随军入朝作战，1957年1月来校工作，入朝作战期间被授予朝鲜人民共和国军功章1枚

王长春，1951年2月随军入朝作战，1960年9月来校任教

李德荣，1951 年随军入朝作战，1982 年 2 月来校工作

孙茂玉，1952 年 12 月随军入朝作战，1978 年 9 月来校工作

六、培育劳模精神　国庆"十大工程"建设中大显身手

为庆祝中华人民共和国成立 10 周年，中央人民政府决定在首都北京建设国庆"十大工程"：人民大会堂、中国革命历史博物馆、中国人民革命军事博物馆、全国农业展览馆、钓鱼台国宾馆、北京火车站、北京工人体育场、民族文化宫、民族饭店、华侨大厦。经过艰苦奋斗，建设者们在 10 个月内高质量地完成了工程从设计到建设的全过程。新中国成立 10 周年前夕，国庆"十大工程"竣工，创造了中国建筑历史的奇迹。

在国庆"十大工程"建设中，就有学校广大师生的身影，他们用自己辛勤的劳动和汗水，谱写了一曲建设社会主义新中国新北京的凯歌。其中涌现出了许多劳模英雄和感人事迹。

1958年8月，党中央北戴河政治局扩大会议决定：为了迎接共和国第十个国庆纪念日，要改建天安门广场，并在北京建设一批公共建筑工程。为此，北京成立以刘仁、万里等市领导参加的"国庆工程"小组，周恩来总理亲自指导，万里具体领导和负责，北京国庆"十大工程"开始紧张进行。

此时距1959年国庆节只剩下不到13个月，而且参与规划的苏联专家已经撤走。要在这么短时间内建好这么一大批公共建筑，任务的艰巨性可想而知。在北京市国庆工程动员大会上，万里同志的话掷地有声："不是有人不相信我们能自己建设现代化国家吗？老认为我们这也不行那也不行吗？我们一定要争这口气，用行动和事实做出回答。"① 充分表达了党和国家的坚定决心，体现出首都北京在国庆"十大工程"建设中的使命担当。

为完成党中央部署的这一艰巨任务，北京市委和市政府高度重视，组成坚强有力的领导机构和工程指挥部。在周恩来总理的关怀和指导下，北京成立了由刘仁、郑天翔、万里等领导组成的"国庆工程"小组，负责总体的规划和协调工作，随即成立了以北京市城建委主任赵鹏飞②为首的"国庆工程"指挥部，成员包括计委、城建委、建工局、市政局、规划局以及市建筑设计院的主要领导。其中，时任北京市建

---

① 孙希磊，张守连，肖建杰.北京红色地标［M］.北京：北京出版社，2021：273.

② 赵鹏飞（1920—2005）：1954年1月，学校隶属北京市市政建设委员会，设立校务委员会，赵鹏飞曾任校务委员会主任委员；1958年8月，北京市委决定学校改名"北京建筑工程学院"，赵鹏飞兼任院长。

筑设计院院长的沈勃同志在"十大工程"建设过程中发挥了重要作用。[①]
据沈勃回忆:"1958年开始筹建国庆'十大工程',赵鹏飞同志当时协
助万里同志负责工程的全面工作,我负责抓国庆工程的设计工作。因
此和赵鹏飞同志一起历经艰辛,度过很多个不眠之夜。"[②]在他们的精心
组织和周密部署下,国庆"十大工程"开始紧张地进行建设施工。

在国庆"十大工程"中,人民大会堂工程最为突出。其中,规划
设计与施工建设的任务最为艰巨,是"龙头"建筑,重中之重,事关
全局,承载的艰巨使命尤为突出和关键。其中,学校先辈和广大师生
发挥了重要作用。

1958年9月7日,北京市启动大会堂的建设工作后,市政府以中
国建筑学会的名义向全国16个省市的建筑界发出设计方案的邀请。短
短3天之内,全国各地30多位顶级建筑师就云集北京,开始对人民大
会堂进行总体方案的设计。经过一个多月的艰苦奋战,专家们提出了
84份平面方案和189份立面方案,在众多方案中脱颖而出,最终破解
难题的是著名建筑师赵冬日带领的北京市规划局设计团队。

赵冬日,1952年曾任北京市建筑专科学校[③]副校长,他与学校渊

---

① 沈勃(1918—2012):1952年,曾兼任北京市建筑专科学校(北京建筑大学的
  前身)副校长;1970—1972年("文革"期间),曾任北京建筑工程学校(北京
  建筑大学的前身)"革委会副主任"。

② 沈勃.回忆赵鹏飞同志二三事[M]//北京市城市建设档案馆.北平解放:首都
  建设札记.内部资料,2004:200.

③ 北京建筑大学的前身之一。1952年7月,北京市立工业学校土木科并入北京市
  建筑专科学校。校长由主持城建工作的北京市副市长吴晗兼任,副校长为赵冬
  日,党支部书记为刘小石。

源深厚，后因北京建设事业需要调到北京市规划局工作。赵冬日主持设计的人民大会堂方案，经过35天7轮评选，从189份方案中脱颖而出，一举夺魁。方案包括万人大会场、5000人宴会大厅和全国人大常委会机关办公楼三大部分。其中，大会堂后门外设计了宽敞的中央大厅，既可作为休息厅，还能举行纪念活动；宴会厅设计更堪称一绝，由最初设计在一层改成在二层，跨度108米。人民大会堂建筑设计，将几种不同功能的巨型建筑融于一体，举世罕见。

同时，1958年，时任副校长的吴华庆教授率领设计团队参加人民大会堂灯光照明系统的设计及测试工作，对人民大会堂大礼堂富丽堂皇的照明设计提出了宝贵意见。大会堂的建设牵涉到多方面的科学技术问题，需要吸纳各个方面的科技力量进行集体攻关，解决建设中各种意想不到的难题和瓶颈。为此，大会堂工程指挥部决定邀请多个学科的专家，成立科学技术委员会。科学技术委员会下设七个专门委员会，学校副校长吴华庆教授担任其中的"建筑物理及机电设备委员会"的召集人之一，与其他技术专家一起，专门针对大会堂建设中的技术设备方面的问题进行集中研究和解决，为大会堂的按期竣工做出突出贡献。

在人民大会堂的建设工地上，还涌现出一大批劳动英模。学校1958级校友李瑞环，时任北京第三建筑公司木工青年突击队队长，

吴华庆

表现尤为出色。他们接到工程指挥部下达的急重任务——要求8天内制作一段200米长的屋顶外檐模板。以往干这种活儿需要采用传统工艺"放大样",即按照设计图纸上的小样放大,绘制到一张几平方米甚至更大的木板上。李瑞环想:如果按照老规矩放大样,不仅占用场地大、工作效率低,而且现有的施工场地不够用。于是,他便大胆创新发明,运用刚在学校学会的数学知识,直接在施工现场制作模板,只用了3天时间就完成了任务。之后,在大会堂的木地板铺装施工中,他独创出一套地板拼接的计算公式和放线办法,并研制成功"推车式地板刨",提高了工作效率。他的先进事迹迅速传遍工地,被誉为"青年鲁班",并荣获"全国劳动模范"光荣称号,受到毛主席等党和国家领导人的亲切接见。

以李瑞环为代表的一批北建大人在国庆"十大工程"建设中,以平凡的劳动创造了不平凡的业绩,铸就了"爱岗敬业、争创一流,艰苦奋斗、勇于创新,淡泊名利、甘于奉献"[①]的劳模精神,成为激励北建大人不断前进的宝贵精神财富。人民大会堂建设期间,学校共有400余名学生参加人民大会堂生产实习和劳动,从混凝土基础到砌墙施工,从绑扎钢筋到浇灌混凝土,学生在生产劳动中学到了很多实践知识,教师结合施工现场进行现场教学活动。在这些生产劳动锻炼中,师生中先后涌现出11个先进班集体、350多名先进个人,并多次受到北京市的表彰。

---

① 习近平.在庆祝"五一"国际劳动节暨表彰全国劳动模范和先进工作者大会上的讲话[N].人民日报,2015-04-29(2).

给排水专业同学在人民大会堂现场　同学们参加人民大会堂建设的生产
搅拌混凝土　劳动

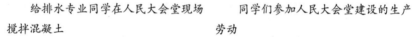

据当年的亲历者之一，学校建筑设计研究院原院长倪吉昌回忆[①]：他作为刚留校任教的一名青年教师，带领同学们投身到热火朝天的人民大会堂建筑工地，与工人和技术人员一起，同吃同住同劳动，亲身感受到新中国社会主义建设战线那股大无畏的革命干劲，体会到作为新中国的一名大学生，为社会主义建设事业添砖加瓦、无私奉献的主人翁精神。为加快施工进度，保障在国庆"十一"前顺利竣工，他们分为白天和晚上两个班组，在工人师傅的帮助下，完成施工任务，大家不分昼夜，不怕吃苦，都在忘我地工作，饿了就在工地的大食堂吃一口，困了就在工地眯一会儿，大家毫无怨言，都在自己的岗位上默默奉献，谁都想提前完成人民大会堂的建设，向国庆节献礼。这充分反映了学校师生积极投身社会主义建设的高昂劳动热情。

———————————

① 十大建筑：汇聚建设社会主义的人民力量［N］.光明日报，2021-03-15（5）.

人民大会堂也汇聚了广大校友的力量。人民大会堂安装了43台国产电梯，按照周总理指示，全部电梯不得使用一颗进口螺丝钉。张玉奇、赵立、金凌琨等同学参加了工程中各种电梯的安装、调试和投入使用工作。其中金凌琨参加了电梯验收委员会，从拟定验收标准、编制验收文件，到一台一台把关验收，直到1959年十年大庆前夕投入使用，一直在现场参加保驾护航。周总理亲自主持宴会，宴请参加施工的同志们。在宴会上金凌琨与周总理相距一臂之遥，这成为他一生的荣耀。当时学校电机科毕业生有超过四分之一的同学被分配在北京供电局工作。在国庆"十大工程"

供热与通风专业同学在国庆工程工地上进行管道加工

及天安门广场改建工程中，北京供电局向天安门广场及周边各重大建筑工程供电任务非常艰巨。学校毕业生从计划、技术、安全、基建、设计到业扩、试验、制造、维修、变配电、调度……几乎涵盖了所有技术部门。大家精心设计、精心施工、辛勤工作，保障了一个个配电设施的安全可靠运行。广场照明的基本灯具造型，至今仍是十年国庆工程留下的风格模式。

人民大会堂建设得到党中央和北京市的高度重视，在万里同志的领导下，赵鹏飞、沈勃、赵冬日等直接指挥和设计，全国支援，各方协作，加之勘查、规划、设计、施工、安装等各部门的密切合作，数以万计的施工工人的艰苦奋战，人民大会堂工程进展非常顺利，仅用了10个月时间就胜利竣工，并投入使用。这是中国建筑历史上前所未有的，堪称奇迹。其设计标准、建筑艺术、施工质量都达到中国最高水平。

周总理在《伟大的十年》中说："北京的人民大会堂这样大的建筑，只用了十个多月的时间就建成了，它的精美程度不但远远超过我国原有同类建筑的水平，在世界上也属于第一流的。"[1]这不仅是对人民大会堂建设工程的充分肯定和高度称誉，同时也是对国庆"十大工程"胜利竣工的高度赞扬。

人民大会堂等国庆"十大工程"的竣工，充分显示了新中国社会主义建设的光辉成就，极大地彰显了我国社会主义制度的优越性，充分反映出首都人民和广大建设者高昂的建设热情和主人翁精神，弘扬了集体主义和忘我工作、无私奉献的奋斗精神，成为中国建设史上的一座历史丰碑。

作为一所具有光荣革命传统的"红色工学"高校，学校广大师生积极投身到了国庆"十大工程"的建设之中，发光发热，增砖添瓦。从规划设计、技术支持，到工地劳动、施工建设，学校师生校友都积极参与，贡献力量，书写下新中国学校"红色工学"历史的华彩篇章。

七、参加北京水库建设　受到周总理鼓励

1958—1961年，全国上下掀起了一场建设社会主义事业的新高潮。为了贯彻落实党的教育方针，学校加强了思想政治教育和生产劳动环节，实行教学、生产、科研"三结合"培养方式，学以致用，注

---

① 孙希磊，张守连，肖建杰.北京红色地标［M］.北京：北京出版社，2020：289.

重实践，既提高研究水平，又促进教学提升。广大师生结合专业特长，走出校门，深入工地，边干边学，向工农群众学习，在生产实践中锻炼专业本领，在施工一线迅速成长，积极参与首都一系列重要工程和重大建设项目。其中既包括国庆"十大工程"这样的首都大型公共建筑，又包括北京城乡基础设施建设，如十三陵水库、怀柔水库、密云水库、门头沟斋堂公路大桥、北京公路环线和放射性勘测等重大工程建设，在首都城乡重大建设工程中建功立业。

水资源匮乏是长期制约北京经济建设和城市发展的一大问题。根据党中央、国务院关于大规模兴修农田水利的决定，十三陵水库、怀柔水库、密云水库于1958年相继开工。1958年2月，经河北省委和北京市委批准，通县地委决定以民办公助方式修建怀柔水库。这项工程由北京市派技术人员负责勘探设计，通县地委筹措施工民工并组织施工，北京市土木建筑工程学校①负责水库施工质量控制。

1958年6月水-10班修建怀柔水库测量大坝

_____

① 北京建筑大学的前身之一。1952年底，根据中央关于高等学校院系调整的精神，北京市委、市政府决定，北京市建筑专科学校中技部迁至西直门外二里沟（现展览馆路1号），独立创办一所中等专业学校，校名为"北京市土木建筑工程学校"。

1958年修建怀柔水库水 -10 班坝上施工留影

1958年3月9日，学校师生组成一支庞大的质控队伍，深入水库工地，逐层逐段检查化验。为了让水库建设者都能掌握施工质量要求，师生们在每项新任务下达后，立即分头召开支队民工大会讲授这些要求，比如，材料的标准、铺填层的厚度、每层碾压的遍数、每一层段之间的衔接方法等，反复说明层与层之间不能有任何草根、烟头、纸屑等。有一次，李振环同学发现一块约150公斤重的石头顺山滚下，便奋不顾身地扑上去挡住石头。施工现场的民工在他的保护下平安无事，他却受了重伤，这一事迹很快传遍了工地，受到广泛赞誉。

1958年6月26日这天，周恩来总理来视察怀柔水库工地，亲切接见了学校师生并合影，还与水 -11 班学生包黛妹交谈。周总理笑着问她道："会做吗？"包黛妹同学回答："边做边学。"周总理高兴地鼓励道："边做边学是我们革命的特点。"[①] 围在周围的同学们听了周总理的这一番话，都感到由衷的自豪和喜悦。

1958年7月20日周恩来总理视察怀柔水库，接见北京市土木建筑工程学校师生【源自《人民政协报》（春秋周刊）】

　　1958年9月，应北京市委农村工作部的要求，学校派出280名学生赴密云水库建设工地支援，从事大坝施工测量、坝体质量控制工作。其中道路和给排水专业二年级学生176人、建筑专业一年级学生51人、给排水专业一年级学生53人。据1956级的校友冯倩云回忆：学校师生以技术员身份参与潮河水坝和白河水坝的测量收方、质量检测、专门施工三个工种工作。学校非常重视结合实际加强教学，教师在工地现场讲

---

① 宋庚龙.周恩来总理视察怀柔水库［N］.人民政协报（春秋周刊），2011-12-08（5）.

课，学生实行半工半读，一边在工地劳动一边上课，持续一年多才撤回学校，为此学生推迟一年毕业。学校以互助形式为密云水库建设工地培养了近500名初级技术员（高小程度），使广大文化程度不高的民工学会使用计算尺、检查材料配合比以及评定建筑材料质量等技术常识，形成了一批水库建设的新生力量，为北京水利建设做出了重要贡献。

　　1958—1961年，学校先后组织了700多名同学参加北京市大型工程建设生产劳动活动，深入工程建设的一线工地，弘扬"红色工学"传统，继承红色革命精神，为首都北京的城乡建设贡献青春和才干。

学校师生在十三陵水库实习和劳动合影（1961年）

02

下篇　人物篇

（按姓氏笔画排序）

　　北京建筑大学在中华民族遭受深重的内忧外患中诞生，秉承"兴学强国、实业救国"时代重任，在党的坚强领导下，追求光明前景、走向革命道路，孕育了以爱国、救国、强国以及科技、实业、实践为特点的优良文化基因，践行"实事求是、精益求精"校训精神，具有深厚的红色底蕴和文化传承。这些精神内涵背后是一个个鲜活的人物故事、一代代北建大人的精神传承。他们犹如珍珠般散落在历史长河之中，虽然岁月已逝、文字斑驳，但他们的精神力量却在新时代新征程下熠熠生辉。本书编写组在选取内容过程中爬梳钩沉，串珠成链，虽文笔有限，但仍希望在挖掘和传播革命前辈的事迹中展现出代代北建大人的精神伟力，弘扬爱国、救国、强国的精神品质，汇聚新时代学校事业发展的磅礴力量。

于树功：生死越狱

简介：于树功（1899—1985），于树德[①]堂弟。1924年入京师公立职业学校金工科学习。1925年春，经李大钊介绍加入中国共产党。10月初，受党派遣留学苏联，先入莫斯科中山大学，后进莫斯科炮兵学校。1929年10月，"中东路事件"爆发后，苏共当局抽调一批在苏留学的中共党员赴伯力协助远东特别军遣返俘虏工作，于树功随往，任俘虏营营长，化名朱晖文。事后，暂留该军。1931年3月，苏军派其潜入中国东北搜集日军情报。后于吉林省富锦县被逮捕，判处无期徒刑，狱中，他结识了监狱主任看守赵绍先和因抗日被捕的共产党员郝长荣。1939年9月，在于树功的精心策划下，3人越狱出逃。事后，伪《大同报》《泰东日报》《盛京时报》纷纷报道，轰动东三省。1950年6月，于树功重新加入中国共产党。先后在北京市人民政府研究室和文物工作队工作。1985年7月病故。

于树功是目前学校办学历史中发现的最早的一位中共党员。1924年，他进入京师公立职业学校金工科学习。1925年春，在校期间经李大钊介绍加入中国共产党。1939年9月16日，在日本帝国主义铁蹄

---

① 于树德（1894—1982），字永滋，河北静海（今天津市静海区）人。早年曾加入中国同盟会。1911年参加辛亥革命。后入天津北洋政法学堂读书，是李大钊的同学。1922年6月，经李大钊介绍加入中国共产党。长期从事农村合作社理论的教学和研究，是中国最早讲授合作社理论的学者之一。

之下的吉林省，发生了一起震动整个伪满洲国的越狱事件——两名共产党员政治犯从戒备森严的吉林第一"模范监狱"越狱脱逃；一个素为日伪当局器重的主任看守也跟随政治犯而走。这对日伪反动当局不啻是一个晴天霹雳。这次越狱的为首者就是于树功。他的事迹也为学校红色基因注入了新的活力，书写了中国共产党党史红色故事的经典篇章。

投身革命　搜集东北情报

1899年，于树功出生于河北省静海县唐官屯镇。因为父亲与伯父共居一处，所以于树功从小和堂兄于树德生活在一起。父亲和伯父未曾读过书，生活中受尽欺负。为了改变命运，父亲和伯父决定让哥俩上学。堂兄于树德先入直隶北洋法政专门学校读书，成为李大钊的同学，后经李大钊介绍加入中国共产党。于树功随后读了私塾和高小，后来在堂兄于树德的帮助下，进入京师公立职业学校金工科学习简单的机械制图和冶炼工艺。而这时的于树德已经是一名中共党员。经堂兄的引导、教育，于树功在1925年春天也投身党领导的青年运动。他如饥似渴地读了《共产党宣言》《新青年》《向导》等政治理论书刊，并与李大钊、陈乔年、谭祖尧、江浩、何梦雄、蔡和森、邓中夏等共产主义者接触，思想迅速成熟。这年春末，于树功也加入了中国共产党。几个月后，被派往苏联留学。

1931年3月末的一天，于树功接受了苏军交给他的一项特别任务：侦察日本人在满洲的动态，留心东北军将领的情况，以便将来作为争取对象。于树功接受任务后，化装成商人从伯力坐上火车，在西伯利亚铁路的一个小火车站——基汉科下了火车，又赶了120俄里的路程，来到黑龙江边的米哈洛·西米诺夫斯基兵站。通过冰封的黑龙江，他终于踏上了阔别已久的祖国的土地。

轰动东北的越狱事件

1931年4月2日，于树功在黑龙江省富锦县执行任务时遭逮捕，不久被押往吉林监狱。在狱中，于树功每天要做些药局的杂役工作。1936年的一天，监狱医务科药局来了一个十八九岁的青年人，名叫赵绍先。赵绍先名义是看守，实际任务是在药局担任调剂工作。于树功每天在赵绍先的指挥下，给病人送药、送饭、打扫卫生。稍有空闲，他就主动同赵绍先闲聊几句。在聊天中，于树功感受到了这个青年心中也压抑着对日本人的仇恨。于树功判断赵绍先是可以争取的进步力量。

日子一天天过去了。于树功和赵绍先结成了知心朋友，只要两个人在一起，几乎无话不谈。于树功生动地讲起自己在苏联留学时的见闻，讲到中国革命、日本帝国主义的侵略……赵绍先每次都听得津津有味，他深深感受到当亡国奴的痛苦。

1938年年初，赵绍先被提拔为主任看守（监狱中通称"部民"）。赵绍先上任后的第一件事，就是把于树功从医务局杂役换调到新监（又叫未决监）当杂役。这是于树功的主意，目的是两人暂时分开一段时间，以免引起敌人的注意。

1938年7月至8月间，于树功发现新监里又押来了一个犯人——赫长荣。赫长荣是吉林省人，曾在北京读书和从事革命活动。1934年被党派到哈尔滨，以教员身份为掩护进行地下工作。1938年2月被逮捕，判刑15年。革命者心心相印，于树功决定尽快了解赫长荣，结成同盟。

于树功的杂役身份，让他在新监里可以比较自由地走动，常借机和赫长荣攀谈。一个多月后，他们便互相熟悉、互相信任了。

赫长荣听说监狱有"保外就医"的规定，只要给医生一大笔钱，就有希望离开监狱。1939年2月的一天下午，赫长荣把争取"保外就医"的设想告诉了于树功。几天后，于树功悄悄找到赵绍先，研究"保外就医"的可能性。没想到赵绍先劈头就说："老于，我想好了，找共产党去，咱们一起跑吧！与其拿钱给这些'王八蛋'，不如拿这些钱当路费，咱们三人一块跑。"于树功见赵绍先态度如此坚决，心里很高兴。但越狱非同儿戏，必须做周密的安排。

于树功成为这次越狱行动的主要策划者。他们商量：第一步要把赫长荣调离看守森严的新监，到监狱工厂去劳动，为以后三人越狱创造方便条件。通过赵绍先的活动，赫长荣终于离开了新监。

越狱的日子迫近了。9月初的一天，赵绍先来到印刷工厂，装作送药的样子，靠近赫长荣说："老于决定，最近就行动。你要想办法装成急性胃炎，尽快从这里转到病监。到了病监，一切活动就方便了。"赫长荣依计而行，果然住进了病监。

下一步就是选定具体行动日期了。于树功要求赵绍先："一定要选择一个最有利的时机，把危险减到最低限度。"还让赵绍先把一切可以做到的，都尽量安排妥当，不留隐患。

日子一天一天过去，一切都像往常一样。这天，医务科长黄永涛对赵绍先说："齐典狱长调到沈阳，听说定在十五号动身。"多么好的机会啊！赵绍先立时兴奋起来。只有三天了，必须把一切安排好。他想：越狱之后，监狱当局首先要查找犯人身份簿和自己的档案，从中找出三人的社会关系以便搜捕。对，必须把三个人的档案弄到手。第二天，赵绍先找到文书科的一个主任看守说："我借本犯人身份簿，挑选两个人到药局当杂役。"他把于树功、赫长荣连同另外两个犯人的身份簿"借"了出来。当天晚上，他又利用值夜班的机会，把自己的档案也偷到手。

三人商定，越狱日期定于9月15日。9月14日晚上下班前，医务科长嘱咐赵绍先说："新典狱长过两天就来接任，明天你找几个犯人给典狱长公馆消消毒，打扫一下卫生。"还说，明天监狱里的大小头目，都将到火车站为离任的齐典狱长送行。

真是一个难得的机会，三个人心里别提多高兴了。有了这个机会，他们可以大摇大摆地走出监狱。机会难得，天公却不作美。为典狱长送行的人刚走，秋雨便渐渐沥沥地下了起来。按照监狱规定，凡是遇到雨天，一切犯人停止外出作业。越狱行动时间，最终取决于天时。于树功他们焦急地等待着雨停。然而，秋天的雨像从没底的筛子倒下来的一般，不紧不慢地下个没完没了。事先计划的行动时间已经到了。赫长荣的妻子何怡平和赵绍先的妻子金哲文正等在火车站台上。中午12点，奔向长春方向的火车开始启动，然而，依旧不见三个人的踪影。何怡平的一颗心悬到了嗓子眼，匆忙走到火车站外一个电话机旁，试探着往监狱里给赵绍先打了个电话。

"下雨天，留客天嘛。明天天晴了，再送客人走吧。"赵绍先的话使何怡平的心稍稍平静。

越狱时间改在第二天。夜里，雨终于停了。惊心动魄的明天即将到来。

9月16日上午，赵绍先以合法手续办理了两名犯人外出到狱长公馆消毒作业的提单。赵绍先带领于树功由新监来到医务科。于树功背上消毒器，拿着消毒药，对赵绍先说："开始行动吧！"此时，屋内墙壁上的挂表指向11时25分。两人来到病监，叫出赫长荣，行动开始了。三个人从戒护科房后绕出监狱的二门，直奔大门口。

"我带他们去典狱长公馆打扫卫生。"赵绍先不等门岗问，抢上前一面说，一面把手中的犯人提单，在门岗眼前晃了晃。门岗是一个新看守。不认识于树功和赫长荣，又见赵绍先身穿警服，腰上挎着洋刀，一副押解犯人外出作业的样子，一声没吭就放他们走出了大门。

出了监狱大门后，三人来到不远处一栋破旧空房子里，迅速换好衣服，便直奔火车站。猛然间，赵绍先发现前面迎头走来了一个接班的监狱看守。三人又急忙掉头向繁华的尚仪街奔去。在人流中，于树功跳上一辆拉客的马车，赫长荣、赵绍先紧接着跳上后面的一辆。来到火车站外，何怡平、金哲文已等在那里。距离开车时间还有十几分钟。三人又钻进火车站的厕所。当他们走出来的时候，俨然是三个阔绰的商人了。

当天下午，在杂役回号房前，监狱里发现于树功不见了。继而，在点名时又发现赫长荣没在监房。顷刻间，偌大的吉林监狱，乱成一团，大小头目个个慌了手脚。戒护科长指挥查找监狱里的每个角落，最后发现是主任看守赵绍先带他们出去的。而此刻赵绍先也不在了，连同三个人的档案也不翼而飞。

整个吉林监狱里，充满了肃杀之气。伪满司法部立刻派人前来调查。伪省警务厅长也接连发出了三道十万火急的《通缉令》，一场大搜捕在吉林市展开，在吉林省展开，在整个伪满洲国展开。

当天下午，于树功等三人在离长春不远的卡伦车站下车，徒步赶到米沙子西河堡屯外。太阳还未落下，他们不能进屯，便躲到了屯外的庄稼地里。黄昏时分，赫长荣先进了屯，奔到表兄李万镒家的后院。仔细听了听，没有什么异常的动静，赫长荣翻过了院墙。李万镒见到表弟赫长荣又惊又喜，赶快请三人到家里吃了晚饭。饭后大家商量，觉得住在家里不行，不如住屯外高粱地安全。于是，他们便在青纱帐里隐蔽起来。

第三天，李万镒送饭时带来一份伪《大同报》，上面刊登了他们越狱的消息。李万镒告诉他们：敌人已经到这里来追查赫长荣母亲的下落了。三个人估计李万镒一定会被传讯。果然，第二天日本宪兵队传讯了李万镒。接替表兄照顾他们的是赫长荣童年时的好友、伪村公所的职员李凤桐。

秋收到了，家家户户忙着收割庄稼，屯外茂密的高粱一片一片地倒下，只有李凤桐、李万镒等几家的高粱还没开始收割，显得有些扎眼……

越狱10天了。伪满洲国有一项紧急搜捕法令，监狱犯人越狱时，监狱的职员看守和警察、宪兵有权四处任意搜捕，以10天为限。于树功、赫长荣、赵绍先三人在地里风餐露宿，坚持了整整10天，就是为了躲过这10天的紧急搜捕。现在这里已经不能再住下去了，他们研究决定，分头到长春市，再想办法去北平找革命关系。三个人在一起目标太大，便把身上的路费分成三份，约定第二天中午在长春集贤公寓接头。

赵绍先一个人独自在黑暗中向长春赶去。为了照顾人地生疏的于树功，赫长荣和于树功同行。天亮前，两个人赶到长春市郊，赫长荣想到二表兄李万玫的姐姐家里换换衣服，哪知李家的所有亲属都被搜查过了。看来10天的紧急搜捕虽然过去，情况仍然很紧张。于是，他们派李凤桐赶到长春市内的集贤公寓，通知赵绍先马上离开长春，他们俩想办法到北平去。赵绍先接到通知后，当机立断，化了装迅速踏上了奔往北平的列车。

于树功、赫长荣在郊外的野地里睡了一夜，第二天也分头行动。两位共患难的同志就此分手。于树功和赫长荣分手后，迅速离开了长春。10月中旬，于树功才辗转来到北平。此后，于树功一边靠蹬三轮车、卖菜维持生活，一边想方设法寻找党组织，其间也曾回乡种地，以躲避敌人搜捕。

北平解放后，于树功在北京市人民政府研究室工作，1950年6月重新加入了中国共产党。后又调到北京市文物工作队工作，他几十年如一日，专心致力于文物研究。1985年7月26日，在患脑血栓卧床四年之后逝世。

本文根据《于树功越狱记》① 改编。

---

① 桂文健，达光，铭天.名人历险记［M］.南宁：广西人民出版社，1991：293-300.

王大明：做一名"革命工程师"

简介：王大明，男，1929年12月生，广东南海人，1944年至1948年在北平市市立高级工业职业学校（简称"市立高工"）机械科学习。1946年7月加入中国共产党，9月，在市立高工建立地下党支部，任第一任书记。北平和平解放前夕，任北平地下党中学委员会小委员会委员、南城区书记。新中国成立后任团市委宣传部副部长、北京市委研究室工业组组长、北京市化学工业局副局长、北京市经委主任、工业

王大明

部部长、北京市委常委、宣传部部长、中宣部副部长、北京市委副书记、北京市政协主席、全国政协常委。

王大明，1944年考入市立高工机械科，1946年任市立高工第一届地下党支部书记。"做一名革命工程师，建设一个强大中国"是他毕生的追求。

立志"工业救国"

王大明出生在一个普通的铁路工人家庭。[①]虽然家境贫寒，但是爱国爱家、质朴敦厚、民主开放的家风培养了他积极向上、爱憎分明、勤奋刻苦、自立自强的品格。王大明父亲曾在法文学堂念书，学过法语，后来考进了法国人办的平汉铁路（京汉铁路）当列车行李员。"七七事变"后，抗日战争全面爆发，日本人强占了铁路。父亲坚决不给日本人干事，辞掉了工作。家里没有了经济来源。但父亲也一直鼓励王大明要好好念书，学真本事，自立自强，为人正直。母亲是中国传统家庭妇女，相夫教子，温柔善良，明事理识大体。为了供王大明读书，母亲也经常出去做零工、缝缝补补、洗洗涮涮，遭别人白眼，受人欺负。这些经历让王大明心里产生了一个念头：作为长子要尽早担起家里的责任，让家人过上好日子。

20世纪30年代王大明与父母及妹妹（选自《难忘一九四九》）

王大明从小就特别爱看中外名人传记，看过《华盛

---

① 苏峰，王静.难忘一九四九［M］.北京：中国文史出版社，2009：200-246.

顿》《林肯》《爱迪生》《文天祥》《岳飞》，从这些书里，学会两条做人的道理：一要爱国，二要正直。但日本人占领北平后，人民过着忍饥挨饿的日子，王大明的思想开始有了变化。国家会怎样，自己的前途又在何方？王大明第一次感到生存的危机。王大明心里憋着一股气，这股气是对中国近百年来所遭受欺凌的一种无奈和愤懑，这股气也催生出强国自立、建业兴邦的热情和志气。

"中国之所以总是落后挨打，就是没有发展起像西方列强那样强大的近代化工业。没有重工业，就造不出坚船利炮，没有坚船利炮就无法和西方列强抗衡，甚至连日本这样一个弹丸之地的岛国也打不过。"听着老师和同学们的讨论，在国家命运和个人命运都陷入危局的双重灾难下，王大明萌生了工业救国的思想。

"只有工业发展起来，才谈得上强国，强国之后才有能力把日本人赶跑，国家才能真正独立，我们才不当亡国奴"，这是王大明最刻骨铭心的感受。王大明很崇拜爱迪生，所以想当个工程师，准备把一腔热血奉献给工业救国事业。初中时，一位很欣赏他的音乐老师经常向他宣传抗日思想，建议他去重庆。初中同学何平也介绍他加入读书会，并启发他加入共产党。但是，王大明都拒绝了，他虽然认同共产党的理想，愿意帮助共产党做力所能及的事情，但是当时的他只想做工程师工业救国，不想参与政治。另一方面，家庭现实摆在眼前，作为长子，王大明担负着养家立业的责任。如果能够在市立高工读书，毕业后可直接分配工作。报考市立高工既可以实现王大明的报国理想，又可以解决现实困难，王大明坚定地选择了这个志愿。

1944年，15岁的王大明初中毕业，报考了市立高工，就读于机械工程科。学校在什锦花园胡同，学制四年，前两年学习普通高中三年的数理化，后两年学北大工学院的课本，一周8小时工厂实习。功课繁重，十分紧张，要学下来有一定难度。

重庆还是延安？

考入市立高工后，王大明接触到各种社会思潮。随着日本在中国殖民统治接近尾声，王大明和他的同学们也开始思考中国向何处去的问题。王大明关注到共产党宣扬民主、自由、平等的价值观以及反对蒋介石独裁统治的一些刊物。通过对这些刊物的学习，王大明逐渐形成一种观点：希望中国未来是独立、和平、富强、民主、人人平等、人民幸福的国家。

1945年8月15日，日本宣布无条件投降。北平人民历经8年沦陷之苦，终于重获新生。人们游行庆祝、放鞭炮、欢呼雀跃。但是，抗战胜利后国民党"接收大员"们在北平的所作所为，彻底打破了王大明工业救国的希望。北平百姓的生活没有丝毫改观，反而变得更差，物价不降反升，物资供应更加紧张。"接收大员"们以各种名义巧取豪夺，变"接收"为"劫收"，捞"三子"（房子、车子、票子），北平的经济建设却无人问津。

看到国民党"接收大员"们种种丑恶和跋扈的行径，听到政府镇压学生运动、杀害进步师生的种种消息，王大明心中感到茫然：在国民党政权里是看不到任何想要建设国家的蓬勃之气的，在这个政权下想做爱迪生是做不成了。王大明心里有了一个明确的想法：重庆是不能去了。

也恰恰在这个时期，王大明在如饥似渴的阅读中，接触到鲁迅、巴金、高尔基的书，读到了毛泽东的《论联合政府》《新民主主义》

《中国共产党与中国革命》等。其中给王大明印象最深的是《社会发展史》。对照现实，王大明发现共产党要走的就是一条符合社会发展规律的路，共产党可以代表中国青年的未来。

就在此时，初中同学何平告诉王大明，张家口是共产党的解放区，被称为"第二延安"，北平已经有很多学生投奔到那里，那里也有个工业专科学校，可以去那儿继续读书。

王大明带着对黑暗现实的离弃和对新生活的无限向往，怀揣着心中的报国理想，义无反顾地选择奔向解放区。

17岁的重大选择：入党

1946年7月，在北平地下党的组织下，王大明和其他四位青年学生辗转十几天到达"第二延安"张家口。

2009年王大明再次来到张家口（选自《难忘一九四九》）

到达张家口后，晋察冀城工部的陈池同志接待了王大明等同学。当王大明提出想继续在张家口读工专时，受到了陈池同志的严厉批评。陈池同志表示同学们不能只想自己在解放区读书、自由，解放区是为了国家的解放事业而不是为了个人利益，同学们家在北平，有很好的条件做地下工作，应该回北平去一边念书一边从事地下工作。这是王大明第一次接受组织的批评，也是第一次被称为"同志"，这个称呼是那么陌生又那么亲切，让王大明如沐春风。"人人平等"的感受让王大明终生难忘。

1945年冬至1946年夏，北平地下党组织组织市立高工等学校数百名青年进步学生赴张家口解放区参观考察，图为考察期间部分青年学生和北平地下党负责人刘仁同志合影（选自《难忘一九四九》）

作为进步学生，王大明被送到晋察冀城工部训练班学习，为派回北平做地下工作做准备。在张家口的一个月，他的灵魂深处受到了洗礼，他看到一群满怀革命理想、朝气蓬勃的人为了民族和国家在无私地奋斗着。他深深地被感染、被教育，并决定成为他们中的一员。

1946年7月30日，王大明正式加入中国共产党。他的任务是利用学生身份开展地下工作，把市立高工从三青团手中抢过来，宣传进步思想，发展党员，发动群众，带领学生开展斗争。入党的那一年，王大明还不到17岁，17岁的重大选择，改变了他的一生，影响了他一辈子。

地下党支部的工作

1946年9月，当王大明再次返回市立高工时，他受命成立学校第一届地下党支部，并担任支部书记，在中共晋察冀中央局、城工部、北平学生工作委员会领导下开展工作。

1948年王大明（左一）市立高工毕业合影（选自《难忘一九四九》）

由于市立高工历届毕业生绝大部分分配到市属工业系统从事中等技术工作，学校承担着北平城市建设的重要历史任务。1945年日本投降后，市立高工很快成为中共北平地下党与国民党、三青团争夺的重要阵地。

为了在校内扩大影响，积极争取更多的进步学生，王大明率领支部通过选举逐渐掌控学生会自治权，向学生传播进步思想；办识字班，参与民众教育；发展社团组织，办《晨光》壁报，和中间派同学交朋友；从学生利益出发，争取自费改公费，获得全校师生的拥护。在党支部卓有成效的工作基础上，1948年王大明毕业时，支部党员由4人发展到25人，43人加入党的外围组织"民主青年联盟"，当时在校学生约300人，党员和进步学生达到60%，共产党基本控制了学校的大局。

在王大明的影响下，他的很多邻居和朋友还有妹妹王玉明，都逐渐走上了革命道路，加入共产党。崔锟是王大明在土木科发展的第一名党员。崔锟的弟弟崔震、妹妹崔瑞芳等一家子都受王大明影响，参加了革命。邻居傅彤、傅祝安受王大明影响，加入了共产党。傅彤在自己求学的妇女职业学校建立了党支部。卧佛寺街二房东的女儿赵葳，也在王大明影响下加入了共产党，新中国成立后成为同仁医院专家。

不仅如此，母亲也在王大明的熏陶下，慢慢地接受了新思想。王大明从张家口回来后，经常给母亲讲述外面发生的事情，传递人与人因共同理想信念而平等的新思想。母亲听得津津有味。王大明说："母亲生在旧社会，深切感受着旧社会的不平等，和我一样，向往着那种人人平等、人民当家作主的新社会。"就这样，母亲不仅支持王大明做地下工作，而且还被王大明发展为地下交通员，经常帮助王大明传递情报，成为王大明开展地下工作非常好的"保护伞"。

1947年夏天的一个晚上，王大明在肖鸿麟（市立高工地下党支部支委）家开支部会。肖鸿麟家（原内二区宗帽四条胡同甲6号）是市立高工地下党支部建立的一个秘密工作据点。肖鸿麟自己攒了一个短波收音机。党支部经常用它收听延安广播，听后再把广播内容刻成蜡版，印成小册子，在进步同学中传阅。开会那

1955年肖鸿麟与妻子（选自《难忘一九四九》）

天有王大明、黎光（市立高工党支部的上级领导）、肖鸿麟以及肖鸿麟的弟弟肖鹏麟四个人。

那天会议开到很晚，夜里两点外面下着暴雨，刚开完会的王大明和黎光准备在肖鸿麟家住一晚，第二天早晨再走。刚要入睡，特务们开着卡车，急促地敲门。王大明大吃一惊。因为王大明睡的床底下就有一些新买的铅字和印刷用品。王大明和黎光的自行车就放在肖鸿麟家院子的走廊里，上面挂着他俩的书包。王大明的书包里有一本《列宁论知识分子》，属于当时的违禁书籍。特务们进来后直奔肖鸿麟父亲的住房（后来知道肖鸿麟父亲是晋冀鲁豫那条线的地下党员，因为那条线上出了叛徒，特务是按名单来抓肖鸿麟父亲的），把其父带走。

王大明等人有惊无险。特务是冲着肖鸿麟父亲来的。"那天特务要是稍微有一点'责任心'的话，很容易把我们也当成意外收获一并带走。'可惜'，那时的国民党政权已经腐败到极点，没有利益和好处的

事情，他们是绝对不会干的"，王大明他们逃过一劫。

这次经历让王大明知道了什么是真正的危险。去张家口以前，王大明只是个进步学生，从张家口接受训练回来后，才知道地下工作是有危险的，甚至可能会牺牲。在市立高工做地下工作的两年多里，王大明逐渐从一个有着朴素的正义感和爱国心的青年学生，成长为一个有信仰并有一定组织觉悟的职业革命者。

迎接北平和平解放

1948年7月，王大明从市立高工毕业，分配到唐山铁路机车厂，在锻造车间做技术员。工作后，王大明每个月可以挣一袋白面，父母为此很高兴，这减轻了家里的一些负担。

随着共产党在解放战争中的节节胜利，解放军包围太原，大批山西学生涌入北平，大概有2000人。北平成立了山西临时中学。王大明接上级指示回北平做这批流亡学生的地下工作。那时，王大明刚到唐山工作三个月。为了完成组织交给的任务，王大明毅然决然地辞掉了那份不错的工作。

回到北平后，王大明没有正式职业，也没有收入来源，只有组织上每月补助的一两块银圆。北平的经济已经到了崩溃的边缘，物价飞涨，以小时速度攀升。国民党大搞白色恐怖。1948年11月，解放军开始包围北平，国民党当局制造紧张局势，晚上宵禁，发现违禁品立刻砍头。那段时间，王大明天天骑着车，将书包里满满的入城布告发给各个支部。各个支部再下发给党员、盟员。每天晚上还会挨家挨户把传单从门缝儿塞进各家。经王大明发下去的传单就有好几书包。中间几次都遇见了警察的盘查和搜身，好在都有惊无险，躲了过去。

1949年1月15日，天津解放。王大明接到北平将要和平解放的消息，当晚高兴得一宿没睡。王大明回忆道："我们本来是按照武装进城准备的，没想到外面的形势发展得这么快。"王大明赶紧开始想和平解放的方案。按照分工，王大明需要参与组织广大群众站出来欢迎解放军进城的工作。为了熟悉地形，王大明和他的战友们一夜之间把北平的袖珍地图全买光了。为了营造喜庆的氛围，他们还买了大批红布。每个人系一块红布，作为辨认的标志。

2月3日，解放军入城。王大明负责入城式的前门大街地段。在王大明的组织下，欢迎解放军的学生都跑到坦克上去了，人们迎接解放军的热情极为高涨。

2月4日，北平地下党公开大会在宣武门内国会街北大四院礼堂召开。王大明参加了第一次会议。北平地下党终于从地下转到了地上。全场沸腾，地下党员们摘下口罩相认、握手、欢呼、拥抱，那个场景让王大明至今难忘。

生活在那样一个年代，以王大明为代表的中共地下党员创造了一个崭新的世界，为了这个崭新的世界，他们贡献了自己最真诚的情感和全部的聪明才智。

"人生中有过那样一段时光是很幸福的，那是我们一生当中最黄金的岁月！"王大明说。

走向新生

1949年10月1日，中华人民共和国中央人民政府成立。9月27日，北平重新更名为北京。1949年年初，北京市委、市政府就开始有计划、有步骤地开展接管工作。王大明担任中国新民主主义青年团北京市筹委会东南区书记，从事青年工作，筹备建团。

王大明看到国外留学的钱学森等爱国青年纷纷回国，看到身边的年轻人充满激情、有理想、随时准备为祖国和人民献身，很受鼓舞。"是那个波澜壮阔的大时代，培养和造就了那样的一代人。"王大明说。

青年团在青年人中展开了"人为什么活着"大讨论。王大明认为人活着最重要的就是：一生无论能力大小，能够推动历史进步而不是起倒退历史的作用；当然，个人的力量是无法改变历史的，但是如果你认识了社会发展规律，你的所作所为适应了客观发展，你就成为推动历史向前发展的正动力之一。

1951年王大明（左四）与同事在团五区工委机关院内（选自《难忘一九四九》）

　　王大明在北京市团市委工作期间，按照市委要求体察民情。具体而言就是，他只要到街上去，就要将所看所闻及时向政府汇报，包括提出老百姓对政府不满意的问题，提出后政府马上解决。比如，老百姓觉得龙须沟臭得受不了，这就是人民群众迫切需要解决的问题，就应该马上解决。这就是党要求的无论到哪儿工作，第一步就是要调查研究，碰到什么困难，有什么问题，马上解决。"为老百姓解决问题就是我们要干的事情。"王大明说。

　　眼看着原来一片凋零的北平迅速走向新生，王大明心里充满幸福和自豪。"现在回忆起来，那段时间真是刻骨铭心，就像王蒙小说里写的，那段日子是用'彩色的璎珞编织成的'。"王大明说。

　　新中国成立后，王大明先后辗转市经委、市政协、中宣部、全国政协等多个岗位任职。无论走到哪里，他始终牢记共产党人的职责使命，坚持理论联系实际的工作作风，提出了许多具有可行性、前瞻性的真知灼见。谈及未来，王大明希望后来人在审视过往历史中，放开眼界，观览滚滚向前的世界潮流，获得新的思想启蒙，继承老一辈革命家留下的宝贵精神财富，把祖国建设得更加富强。

　　本文根据《难忘一九四九》内容编写而成。[①]

---

　①　苏峰，王静.难忘一九四九［M］.北京：中国文史出版社，2009：200-246.

许京骐：全国市政工程著名专家

许京骐(选自《许京骐文存》)

简介：许京骐（1919—2018），男，浙江瑞安人。1938年参加中华民族解放先锋队。1942年毕业于清华大学土木系。曾任清华大学水工试验所副研究员、土木系教员。1946年加入中国共产党，任清华大学教职员支部书记、中共北京市委学委委员。1950年至1978年历任北京市建设局、道路工程局副局长，北京市市政工程设计院党组书记、副院长、总工程师。1978年至1984年，任北京建筑工程学院副院长、院长、党委副书记，获"首都教育60年人物""北京建筑工程学院育人标兵"称号。曾任中国给水排水学会委员、名誉委员，被评为全国市政工程著名专家。1984年离休后，热心公益事业，在北京建筑大学设立"许京骐－方烨奖学金"，在社会上设立"许左群爱心基金"，帮助农村贫困学生完成学业。2018年在北京病逝。

许京骐于1978年至1984年，任北京建筑工程学院副院长、院长、党委副书记。他一生致力于首都市政建设的起步和建筑领域专业人才

的培养。青年时代，他敏而好学，积极投身革命，矢志不渝。新中国
成立之后，他身居北京城建工作要职，革故鼎新，为首都城市基础设
施建设和培育人才队伍做出重要贡献，作为"全国市政工程著名专家"
入列《中国市政工程设计通志·人物志》。改革开放后，他作为北京建
筑工程学院的副院长、院长，多方筹措经费、引进师资，改造充实老
专业、发展新专业，为学校事业发展打下了坚实的基础，获"首都教
育60年人物""北京建筑工程学院育人标兵"称号。离休后，他热心
关心公益事业，先后在学校和南都公益基金会设立"许京骐、方烨奖
学金"和"许左群爱心基金"，帮助农村贫困学生完成学业。他的一生
体现了一名中国共产党党员强烈的社会责任感和无私的奉献精神，值
得我们敬佩与学习。

走向革命

1919年8月，许京骐出生于北京。祖父是北平农业大学农学院教
授。父亲毕业于北京大学法律系，是北京金城银行的一名职员。母亲
是家庭妇女，教子甚严。良好的家庭背景和祖父的治学精神，对许京
骐影响深远。

1931年至1937年，许京骐就读于北京崇德中学。在此期间，历经
"一二·九"学生运动和"西安事变"。1937年，许京骐在汉口考取清
华大学土木系。1938年春，他随着学校沿海路迁到昆明，学校改称"西
南联合大学"（简称"联大"）。途经广州滞留期间，在岭南大学图书
馆阅读了大量进步书刊。这些进步书刊让许京骐认清只有共产党才能
领导抗日战争走向胜利。暑假，许京骐经同学介绍，加入"中华民族
解放先锋队"（简称"民先"），积极参加社团"群社"和学生会活动，

结识了很多进步同学，订阅进步书刊。对马克思主义经典书籍的阅读，使许京骐树立起了对共产党和共产主义的信仰。

20世纪80年代，许京骐（左五）在颐和园与北京崇德中学1937级同学合影（选自《许京骐文存》）

1997年11月，许京骐（左二）与西南联大校友合影

1939年，联大"民先"改称"社会科学研究会"（简称"社研"），许京骐任拓东路工学院小组长。暑假期间，他创办了进步群众组织"引擎社"，出版"引擎"壁报（半月刊），宣传党"抗日、团结、民主、进步"的主张，揭露国民党反共搞"摩擦"和在"皖南事变"围歼新四军的真相，与工学院三青团在壁报上展开反对大辩论。同时还组织了"引擎歌咏团"，演唱抗日歌曲。截至"皖南事变"时，"社研"发展成2个组，共11人；"引擎社"发展到30余人；壁报每两周一期，坚持了一年半。许京骐为了赶出壁报，常常工作到深夜。

1941年，"皖南事变"爆发。许京骐被列入国民党逮捕名单，后经中共云南省工委青委书记杨天华布置，疏散到保山师范中学教书。随着杨天华去苏北解放区，许京骐与党的关系中断。后来，经同班进步同学介绍去了重庆中华职教社，又经转介于暑假后到重庆江北志达中学教书。其间和贵阳疏散来的中学党支部书记等人，联合出壁报，搞诗歌朗诵，在学生中开展进步活动。

1986年春节，许京骐（前排左一）与清华土木系1941级同学在北京建筑工程学院（选自《许京骐文存》）

　　1942年，随着击退国民党第二次反共的高潮，许京骐去昆明西南联大复学。暑假毕业后，他到重庆沙坪坝中央水利实验处工作。1943年，许京骐考取教育部自费留学，后因生病未能如愿。但在此期间，许京骐仍以读书会等形式参加进步活动。1946年，许京骐调入清华大学与中央水利实验处合办的水工试验所工作，筹建土工试验室。在袁永熙（新中国成立后任清华大学党委副书记）的介绍下正式加入党组织。

　　1948年3月，清华大学成立清华教职员党支部（该党支部实际为清华南方局教职员党组织，简称"南系"，成立之初并未与下文所述的"北系"打通关系），许京骐任支部书记。[①]4月，随着学生运动的高涨和国民党政治、经济危机的加剧，许京骐带领清华南方局教职员党支部在上级党组织领导下，为支持学运，与北系党员（晋察冀城工部清华教职员党组织，简称"北系"）一起，率先发动清华大学讲（师）教（员）助（教）职（员）反饥饿罢教、罢研、罢职、罢诊斗争，推动平津唐地区清华、北大、北师院、南开、北洋、河北工学院、北平研究院等七所院校以至全国院校师生员工相互支持，团结斗争，为反饥饿、抢救教育危机等行动推波助澜，扩大第二条战线队伍。5月，清华南方局教职员党支部经组织批准，在各读书会小组基础上，建立党的秘密外围核心组织"新民主主义文化建设协会"（简称"新文建"），并在骨干中发展党员。11月，晋察冀城工部佘涤清接上南系党支部关系，将清华北系教职员党组织关系打通，汇合成清华大学南北统一的教职员党组织。

---

① 许京骐.许京骐文存［M］.北京：中国建筑工业出版社，2014：53-71.

1949年3月，清华大学学生党总支与教职员支部合并，成立清华大学党总支，许京骐任党总支书记。

同年春，北平市委副书记刘仁传达彭真指示，成人中不能像青年那样有共产主义青年团，党不能在成人中继续有像清华"新文建"、北大"新文联"等党的外围组织，否则就变成第二党了。彭真亲自在慕贞中学礼堂召集"新文建""新文联"等成员二三百人在大会上做报告。许京骐作为组织者参会。不久，清华大学"新文建"、北大"新文联"宣布解散，成立北京市高校教职员联合会筹委会，北大著名教授钱端升、罗常培为正副主任，许京骐任秘书长，同时成立党组，许京骐任党组书记。

同年9月，随着北京市高等院校教职员联合会与中小学教职员联合会的合并，组建北京市教育工作者工会，许京骐任北京市教育工作者工会筹委会党组书记。11月，成立北京市教育工作者工会，许京骐任宣传部部长。

北京市沥青路的技术革新

新中国成立前，原来的北京道路设施很落后，仅有少数的沥青路面也处于老化开裂的状态，其余主要干道上的水结碎石路面，禁不住新中国成立后重载车辆的磨损，坑洼松散，很难养护。

1950年1月，许京骐调任北京市建设局副局长。4月，许京骐任北京市建设局党组书记、副局长，主管全市道路工程、建筑工程、建筑管理、园林绿化等工作。

20世纪50年代，许京骐（左二）参加由北京市市政府副市长薛子正主持讨论的天安门广场规划会议（选自《许京骐文存》）

许京骐来北京市建设局工作之前主要研究土壤力学，并没有干过道路工程。为了能够尽快掌握技术，许京骐白天工作，晚上从北京图书馆借来英文筑路图书，开始查找各种沥青路的养护、加固、新建技术，学习各种新道路结构与基础知识。

要修筑、养护沥青路或进行技术革新，首先需要有筑路沥青。新中国成立前，北平市修路全用进口路用石油沥青。新中国成立后，进口沥青来源断绝。许京骐了解到东北国产煤沥青块、煤焦油资源很丰富，只要能够自行调制成合格的路用煤沥青，就可以解决这个卡脖子问题。为此，许京骐组织推动北京市沥青路技术革新。团队成员去清华大学取经，自制沥青试验仪器，参照英、美对筑路煤沥青的要求，试验确定沥青块兑焦油的比例，测定性能。同时筹建沥青配油厂，配置合格路用煤沥青。

解决了沥青的问题后，许京骐发现养护、修筑沥青路面时，都要在路旁设大铁锅熬油，由健壮熟练工人持长把大铁勺将热油泼洒至压好的碎石路面。这种工作方式作业环境恶劣，对工人技术要求高，由于是人工泼油，碎石背面泼不到，作业质量并不理想。1952年第二季度，在多方努力下，沥青配油厂具备了热送沥青的条件，可将配置的煤沥青用热油罐车直送工地。为了提高生产力，许京骐打算推广用热油罐车和喷油机取代"大锅熬油""大勺泼油"技术，从东北订购手压喷油机。当许京骐召集工人骨干大会，告诉大家以后可以不支熬油大锅，放下泼油大勺，学习施行新操作规程时，受到工人骨干的热烈欢迎。

铺路的技术改进后，许京骐开始琢磨养护技术的革新。新中国成立前北京道路养护方法很少，许多主干道的水结碎石路面禁不住新中国成立后车辆的磨损，只能局部翻修，费钱费工，很难养护，如何研究出经济有效的养护新措施成为当务之急。在做西直门大街沥青路养护时，许京骐听到有工程师建议：西直门大街路段基础坚固，路面平整，可以选择一段进行沥青表面处理养护试验，如果成功，再做整路段推广。这一建议与许京骐在书本上看到的英、美习惯做法相同，有规可循。为了验证试验的合理性，许京骐决定先向有丰富筑路经验的老人请教，并开展先行试验。他们首先将被破坏的沥青坑洼路面进行修复，压实清理后，撒布一层结合煤沥青，并趁热在其表面撒布一层小碎石，碾压成活后，开放交通，进一步压实。压实后将路面清理干净，先后撒布罩面煤沥青和粗砂，再碾压成活，厚度约2.5厘米。最后进行行车考验。试验最终获得成功。

这是很大的突破。虽然西方筑路知识里已经有了这项技术的介绍，但是将西方筑路知识用到当时的北京建设实际，还需要很多细节的改良，所以这对于大家而言还是件"新技术"。许京骐带领团队以此为基础，根据旧沥青路路况和养护需要的不同，陆续开发出用于日常养护的"沥青砂罩面"和用于路面有坑洼的"双层沥青表面处理"等新工艺。

除此之外，还让许京骐骄傲的一项突破是：根据交通量的大小，把单双层沥青表面处理加铺到水结碎石路、级配砾石等过渡性路面上。这项工艺需要在做沥青表面处理前，撒布一层黏稠的较低的透层油，使之渗入过渡性路面，与其上的沥青表面处理的结合油黏在一起。这不但解决了水结碎石路、级配砾石路坑洼松散、难以养护的问题，而且提高了道路的行车质量，延长了路面使用寿命，大幅度降低了养护成本。这些成果都纳入了1957年道路工程局的《施工技术规范》。

这些经历一直让许京骐记忆犹新，他在20世纪90年代回忆时感慨："那时试验研究与设计、施工、养护、器材供应相结合。统一领导，革新效率高，多么痛快！"

1954年，北京市自然科学联合会（简称"科联"）主任茅以升要求派党员干部充实领导干部队伍，市政府推荐许京骐任兼职秘书长。

1955年2月，北京市建设局改名为道路工程局，许京骐任副局长。5月，为了统一市政工程设计，克服"天上""地下"管线乱打架现象，北京市委将市政府市政工程建设委员会计划科、道路工程局、上下水工程局的设计、科研、勘测部门合并，成立市政工程设计院。许京骐任市政工程设计院副院长兼党组书记、支部书记，同时仍兼道路工程局副局长。同年，许京骐当选第二届市政协委员。1958年，科联和科普合并，成立北京市科协筹委会，许京骐任兼职秘书长，并在市委大学科学部领导下，成立党组，任书记。

在北京建筑工程学院的日子

1953年，许京骐（左二）在北京市土木建筑工程学校校务委员会上发言（选自《许京骐文存》）

早在1953年，许京骐就以北京市建设局副局长的身份，参加北京市土木建筑工程学校校务委员会的工作。1978年，许京骐任北京建筑工程学院副院长，分管教学、基建。1982年，许京骐任院长兼党委副书记，开始着重抓教学，扩充校舍和设备。

改革开放后，国家急缺建筑领域专业人才，许京骐意识到建筑学是城市规划与建筑工程、市政工程的龙头专业。于是，在建工系主任张兆栩、副主任温梓森的建议下，许京骐积极推动学校建立建筑系，主动联系清华大学建筑学系、北京市建筑设计院获取智力支持。建筑系成立之后发展迅速，成为学校获得教育部统考第一批录取资格的专业。

为了满足现代化城市建设对城建供电与自动化专业人才的需求，许京骐推动学校在原建筑机械专业和电工教研组基础上，成立城建电气与机械系，开办城建供电与自动化专业，调入尚镭、贺智修任系正副主任。面对市勘测处迫切的测量人才需求，在测量教研室基础上建立测量专业，延聘当时国内仅有的两所拥有测量专业的高校教师来校任教。引进的教师师资水平较高，开设了许多专业课程。学校还将给排水、暖通与燃气专业分别从市政工程系和建筑工程系分出，与燃气教研室组合成立城市建设工程系。同时筹办管理工程系。

面对北京城建工作领域的老中专校友对业余进修的学习要求，许京骐积极推动学校适应时变。1979年学校恢复继续教育，改成"夜大学"，学制五年。1983年，学校为山东、河南公路系统开办道桥专业本科和专科委培班，既满足了当地建筑人才需要，又为学校开辟了增收渠道，纾解了经费困难。1984年，学校与怀柔县人民政府、北京市农建总公司联合创办了北京建筑工程学院怀柔分院，招收两年制专科生，主要开办房屋建筑、给排水、电气工程等专业。

学校在多层次办学中，还积极开办研究生教育。从1982年起，学校就开始招收建筑学、结构、给排水等专业的硕士生，这为1986年学校成为具有硕士授予权的高校奠定了坚实的基础。

20世纪80年代初许京骐在北京建筑工程学院图书馆（选自《许京骐文存》）

1978年至1984年，许京骐在任期间，学校本院、分院、夜大学的本专科招生规模随着用人单位需要稳步提升。在北京市各城建单位技术骨干与领导人员青黄不接时，学校雪中送炭，为首都城乡事业输送了大量优秀毕业生。1984年，学校实有用房62857平方米，较1977年用房34202平方米增加84%，学生1943人，学校办学规模发展很快。按照当时教育部高校占地标准——每1公顷10个学生，学校当时实有面积约180公顷，1984年规模已达规定极限。

2005年，年已86岁的许京骐获得妻子方烨的赞同和支持，把甘家口小区一套两居室的房子捐献给学校，以房租收入设立"许京骐－方烨奖学金"，资助家在农村、品德和功课较好、家庭经济确有困难的学生。这一善举得到学校领导的大力支持。学校规定，奖助学金设名额18人，奖励金额1200元／人／年，每年由学校学工办组织评审一次，房租不够部分，由学校补足。

2009年9月，在许京骐（前排左五）、方烨奖学金捐赠仪式暨90寿辰庆贺会（选自《许京骐文存》）

2006年，许京骐曾赋小诗一首，表达对学校的情感：

首都建设人才少，土建兴学志向高。

桃李芬芳京燕满，艰苦朴素众夸褒。

"文革"断层谁填补，建院精英重担挑。

莫道二里沟渠浅，藏龙卧虎尽杰豪。

许京骐以乐观的态度，治学以文、安度晚年。1984年离休后，他笔耕不辍，继续向学术方向发展，在大学里兼课，编写教材，参加学术活动，提供技术咨询，发表专业文章。先后参与编写《北京市市政工程设计研究总院志》《北京市市政工程设计志》《中国工程勘察设计五十年：第五卷 市政工程设计发展卷》等，获得"全国著名给水排水专家"荣誉称号。2014年，94岁高龄的许京骐历经四年出版《许京骐文存》。他的一生是辛勤耕耘、艰苦创业的一生。他丰富的工作经验和对专业的深入思考，饱含了他对新中国市政工程建设的一颗赤诚之心以及对首都城市建设人才培养的深刻思考。他的精神之光照耀北建大人的奋斗之路，他的奋斗之姿铸就北建大的精神丰碑。

21世纪初许京骐（右二）参加《北京市市政工程设计志》编审会（选自《许京骐文存》）

本文根据《许京骐文存》①中的内容改编而成。

---

① 许京骐.许京骐文存［M］.北京：中国建筑工业出版社，2014.

李庆深：党的地下工作者

简介：李庆深（1897—1963），男，字复生，中共北平地下党员，河北高阳人。1916年考入天津北洋大学预科班。1919年入北洋大学采矿冶金学系学习。是年，参加五四运动，担任南下讲演团团长，因受伤住院被学校开除。1920年随进步学生一起被北京大学校长蔡元培先

李庆深

生招收，转入北京大学理学院攻读化学，1922年毕业。1923年10月，应李石曾先生聘请任中法大学附属西山温泉中学首任校务主任，统管男女两校。抗战胜利后，在北平做地下工作。1945年8月至1946年11月，任北平市市立高级工业职业学校校长。1947年2月，正式加入中国共产党。同年3月，被派往东北锦州造纸厂工作，为迎接解放贡献

了力量。1948年，根据中共晋察冀华北局城工部的指示，组织温泉中学复校，任温泉中学校长，直至北平和平解放。1949年年初，受北平军管会委派接管北平市市立第四中学，任校长。1949年9月至1952年，任北京市立工业学校校长。1963年8月15日病逝于北京，终年66岁。

李庆深先后两次与北建大结缘。1945年8月至1946年11月，任北平市市立高级工业职业学校（简称"市立高工"）校长；新中国成立后，1949年9月至1952年，任北京市立工业学校校长。他青年时期抱持爱国信念，参加五四运动，担任中法大学温泉中学校务主任期间，坚决抗日，以致自己停职、学校停办，表现了崇高的民族气节。抗战胜利后，他来到市立高工任校长，利用校长的公开身份，保护学生从事革命活动，在他的掩护下学校成立了第一个地下党支部，为学校埋下了红色的种子，延续了红色血脉。新中国成立后，他再一次回到学校任校长，在他的带领下，学校办学规模不断扩大，教学条件不断改善，师生积极参加开国大典、抗美援朝运动。他崇高的民族气节、坚忍的办学经历、开拓的教育理念，书写了北建大百年历史上一道红色文化印迹。

从爱国走向革命

1916年，李庆深考入天津北洋大学预科班。1919年进入北洋大学采矿冶金学系学习。1919年五四运动爆发。5月6日，北洋学生集会，天津中等以上学校学生代表齐聚北洋礼堂召开会议，支援和响应北平学生爱国行动。5月14日，"天津中等以上学校学生联合会"正式成立，简称"天津学联"，会议报告北洋大学学生已成立演讲队，开展露天演讲，声讨卖国贼向日本出卖山东权利的罪行，并要求市民抵制日货。随后，举行罢课，并分赴津郊向工农商各界开展爱国演讲活动。李庆深参加了五四运动，担任南下讲演团团长。

学生联合会讲演团规定纪律（节录）①

本埠罢课之十五学校（电报学校亦全体罢课加入联合会矣），每日各团游行讲演，前已推定总团长某君为总理其事，现闻复推定副团长二人，一为北洋大学校团长李庆深君，一为高等工业团长张广恩君。遇有特别事故，总团长不能执行任务时，由副团长代行职务。并议定每校作为一团；每团共分若干大队；每队分为若干组织；每组分为若干人；唯每人出发时必须佩戴徽章，盖以讲演科图记。虽如此严密，尚恐有奸人混迹其中，每日复由总团长发给口号于各校团长，然此种口号，须于出发时各团员始得闻悉云。并闻每日派出调查员数十人，专任调查社会一切状况；纠查员数十人，遇有冒充团员不知口号者，当即请巡察带区彻底根究，予以相当之惩罚；另有娴于武术者数十人，担任保卫各团员之事务；后由法政学校推举法律顾问二人，盖各团员之行动虽在法律范围以内，然或遇有蛮横事故，以备在法庭辩护云。其每日讲演成绩由各校团长于下午五时具函报告总团长，斟酌可否，寄交各报登载。

天津《益世报》 一九一九年五月三十日

---

① 天津历史博物馆，南开大学历史系《五四运动在天津》编辑组.五四运动在天津：历史资料选辑［M］.天津：天津人民出版社，1979：52-52.

　　李庆深参加五四运动期间，腰部被打伤住院医治，被学校开除。^①
当时校方表示如果写"悔过书"即可重新入学。但是，李庆深说：
"五四游行是关系国家兴亡的大事，是正义的，宁肯'走'也不写'悔
过书'。"1920年，李庆深随进步学生一起被北京大学校长蔡元培先生
招收，转入北京大学理学院攻读化学，1922年毕业。毕业后，他从事
教育工作多年，治学严谨，在北平中学教育届享有较高声誉。

　　1923年10月，中法大学的创办者李石曾聘请李庆深担任中法大学
附属西山温泉中学首任校务主任，统管男女两校。^②李庆深继承了李石
曾开创的爱国、科学、尊师、重教、爱生的传统，扩充校舍，广招人
才，建章立制，使温泉中学迅速发展壮大。李庆深在主持校务期间维
护了正义，保持了崇高的民族气节。

　　1926年，"三一八惨案"发生后，李石曾与李大钊、徐谦、易培
基、顾孟余被段祺瑞执政府通缉。李石曾通过好友李庆深，将李大钊、
杨景山等中共主要负责人隐藏在温泉中学，继续从事革命活动。

　　1931年，"九一八事变"爆发。李庆深及时召开全校大会，愤怒地
揭露日本妄想把中国变成其殖民地的野心。会场上，师生们声泪俱下，
悲愤交加。他激昂地告诫师生，千万不可做日寇铁蹄下的亡国奴。此
前，国民政府先后发布了《整顿学风令》和《告诫全国学生书》，威胁
说要严惩参加爱国运动的学生。但师生们在李庆深的带领下，不顾国
民党的禁令，会后立即到各村去示威游行。师生们激昂高喊"打倒日

---

① 许步云.北京四十七中学校史［M］.北京：北京四十七中学，1993.

② 许睢宁，张文大，端木美.历史上的中法大学：1920—1950［M］.北京：华文
　出版社，2015：101.

本帝国主义！" "誓死不做亡国奴！"等口号，向村民们宣讲演说，揭露日寇侵略我国领土、屠杀我国同胞的暴行，唤醒民众团结抗日。

1937年"七七事变"爆发，日寇侵华，北平沦陷，日伪当局要求学校挂日本旗、开日语课、接纳"辅导官"。李庆深作为一校之长，始终以无所畏惧的气概，坚决反对日寇侵略，断然拒绝日伪当局的要求。只要是日伪当局组织的有辱于中华民族的会议和活动，他都拒绝参加。李庆深因此被日本宪兵传审，他理直气壮地对日本宪兵队长说："我是中国人，不能参加你们组织的不利于中国的活动。我校不参加这些活动，都是我一个人决定的，与全体师生毫无关系……"李庆深这种勇于自我牺牲的英雄气概连日本宪兵也表示钦佩和畏惧。1938年5月，徐州沦陷，日伪当局要求学生上街游行庆祝，李庆深严词拒绝，学校因此被勒令停办，而这一停就是10年，直到抗战胜利后温泉中学才复校。李庆深从此8年不出来，他崇高的民族气节和高贵品格，极大地鼓舞着广大师生。许多学生也由此走上了抗日救亡的革命道路。[①]

抗战胜利前，党组织曾先后派铁纲、薛成业等同志与李庆深联系，在党的教育下，李庆深加入了中国共产党。[②]李庆深虽然认识一些国民党的上层人物（李庆深和国民党的显赫人物陈立夫、陈果夫，国民党北平市市长刘瑶章都是同学），他们曾以高官厚禄招他去为反动政府服务，但是李庆深在党的教育下，思想进步，不屑于做敌人的高官。

---

① 许步云，王铁铮.北京市第四十七中学史话［M］//中国人民政治协商会议，北京市海淀区委员会文史资料委员会.海淀文史选编：第4辑.北京：北京市海淀区委员会，1991：52-67.

② 任元温.北平解放前温泉中学在地下党领导下开展工作的情况［J］.北京党史，1988（5）：21-26.

1945年日本投降后，他到北平西山找到党组织，主动要求领取任务。李庆深受党组织委派回到北平，开始从事地下党工作。就这样，他由爱国走向革命，由一名民主革命者变成一名共产主义者。

1946年，根据中共华北局城工部指示，李庆深在北平南锣鼓巷炒豆胡同组织温泉中学复校，为党保持和发展了温泉中学这块革命阵地。华北局城工部学生工作委员会（简称"学委"）领导人佘涤清，当时化名刘泽清，在温泉中学以国文教师身份为掩护，领导北平的学校工作。李庆深利用校长身份掩护佘涤清同志从事保存、传送革命文件等活动。当时中法大学附中有一条不成文的规定，学校教员须是毕业于本校或本校校友兼在其他大学毕业者。佘涤清同志不具备上述条件，有些教职工有闲言碎语，李庆深对这些人进行了劝说。这为佘涤清同志以国文教员身份为掩护，领导华北城工部学委工作创造了良好条件。

利用校长公开身份保护学生从事革命活动

1945年，李庆深接受党组织委派回到北平，调入北平市市立高级工业职业学校（简称"市立高工"）任校长，从事地下党工作。面对国民党反动派的白色恐怖，学校进步师生开展了坚决的斗争。当时的李庆深利用其在教育界的威望，给予学生进步活动积极支持和保护，对地下党组织在学校的发展有过巨大帮助，学校因此成为接受中国共产党影响和领导较早的北京

李庆深（左一）

学校之一。

1945年冬至1946年秋，中共地下党就在学校做了大量工作，办起了第一份壁报——《晨光》壁报。国文教员闻国新在《教学生涯六十年》中回忆，他因为给壁报撰写了一篇纪念五四运动28周年的短文，受到三青团支部的问罪。反映到校长李庆深那里后，李庆深就把这件事情给压下去了，并把闻国新叫到了办公室告诉他应对此事的办法。

1987年，佘涤清在市立高工校友会成立大会上发言时，谈道："值得我们自豪的就是在解放战争年代里，我们市立高工的同学，在中共地下党领导下，在开展和平民主运动，迎接北京解放斗争中，发挥了作用……除了校友录上所讲的以外，还有李庆深同志，也叫李复生，当时他也是党员，他是北洋大学的毕业生，参加过'五四'时代的民主运动，当了多年校长。日本侵略中国，请他支持，他8年没出来，陈立夫、陈果夫到北平，请他当北京市的参议员，他没干。他去了延安，找到了刘仁同志，希望给他分配工作。刘仁一看，说你赶快回去，于是到了我们的高工，一直到1947年……今天，我们欢聚纪念80年校庆的时候，不应忘记他们。"

李庆深在市立高工任教的日子里，利用校长公开身份保护师生从事革命活动，在学校埋下了红色的种子，保护学校成立了第一个地下党支部，赓续了红色血脉。

赓续红色基因

新中国成立后，市立高工更名为"北京市立工业学校"，李庆深再任校长。学校在兴办土木工程专业基础上，正式成立道路工程、卫生工程专业（土木科分专业招生），成为全国最早设立道路工程和卫生工程专业的学校之一。1950年7月9日是新中国成立后学校的第一次招生报名日,不仅京津冀地区的考生热情极其高涨,全国各地的考生也非常踊跃。当天报考人数就达到3200多人,而招生计划还不到500人,报考人数是预备录取人数6倍多,创造了学校办学的历史纪录。本次招生首次招收了10名女学生,这是学校办学历史上第一批女学生,开创了北京城建历史上第一批职业技术女干部的历史。

随着招生规模的扩大,李庆深带领学校不断扩大校舍。1950年在原有校舍基础上,学校购置了地安门内黄化门4号院和帘子库15号院、帘子库1号院。校本部迁入黄化门4号院办公。该院占地5600平方米,建筑面积2300平方米。土木科全部及机械、化学两科的低年级和新增的电机科学生全都进入新校址上课,土木科学生全部进入帘子库1号院住宿。1951年,在朝阳区三里屯征购土地建设新校园。为筹集部分建设资金,学校将什锦花园的旧校舍变卖。

黄化门校址比什锦花园校址面积增加很多,教学条件、实验设备也较以前有所改善。1949年2月至1951年7月学校陆续购进5台经纬仪、5台水准仪及一些塔尺、花杆等,使测量仪器能满足两个大班(每班40人)同时进行测量实习。学校共有经纬仪10台、水准仪10台、大平板仪2台及小平板仪10套,还有钢尺、流速仪、六分仪、放大仪、求积仪、天文钟、步计器、视距算尺、视距算盘、普通计算尺、大小图版以及一些塔尺、花杆、皮尺、丁字尺、曲线板、三角板等测量与绘图仪器、用具。

学校加强师资队伍建设,专业课教师多数是生产单位的高级技术人员和聘请的大学教授、专家。学校延续了重视培养学生动手能力的传统,特别是在党和政府的关心和各生产单位的支持下,学生能亲身投入新中国的生产建设中去经受锻炼，将所学知识与生产实践相结合。学校多次被《人民日报》报道，特别是学校求真务实、与生产实际密切结合的办学传统非常符合新中国建设的需要。1950年3月28日，《人民日报》刊登《市立高工实习结合生产，提高业务技能补助实习费用》一文，报道学校参加工业生产，教学结合实际，帮助北京多家企业恢复生产，加工高质量产品。

1950年6月，以美国为首的联合国军悍然发动了朝鲜战争，极大地威胁着刚刚成立的新中国，全国人民同仇敌忾掀起了轰轰烈烈的抗美援朝运动。其间，学校暂时停课，成立了抗美援朝保家卫国委员会，由校工会、团委、学生会分别组织教工、学生展开大讨论，声讨美国侵略，支持抗美援朝。各专业科组成宣传队来到天安门广场，走向各繁华街道路口，演出自编的揭露帝国主义侵略阴谋的"活报剧"。同时师生自发捐献了一大批慰问金、慰问袋送给赴朝参战的志愿军。进入12月，全校学生响应号召踊跃报名参军达97人，最后俞大刚、唐国浩（归侨）、肖声、贾庆徽、武景厚、蔡孝琪、李广生7名同学获批参军，成为光荣的志愿军战士，全校师生为他们举行了隆重的欢送大会。

李庆深先后两次担任学校校长。虽然现存史料并不全面，但是我们从这些斑驳的历史记忆里可以窥见他对理想信念的价值追求。他的事迹为北建大百年历史书写了一道鲜明的红色文化印迹。

本文部分内容根据许步云主编的《北京四十七中学校史》改编而成。

李直钧：在抗战艰难岁月中坚持办学

简介：李直钧（1893—1989），男，字树城，北京顺义人，中共党员。1922年北京大学土木工程学系毕业。1924年至1940年在北京四中任物理教师。1940年7月至1945年8月，任北平市市立高级职业学校校长。1927年至1949年，筹资创办直钧小学，担任校长并曾兼任北京四中老师校长。1949年后到河北师专任教。1956年起，先后任河北师范学院教师、图书馆主任。1982年中国物理学会授予他"从事物理科研教学五十年"金质奖章。入选《北京志·人物卷·人物志》教育篇。①

李直钧

李直钧自幼酷爱读书，一生献身教育事业。新中国成立前，曾先后在北京市四中、六中等10多所大中小学任过教，并用自己多年积累的"薪水"创办了直钧小学。1940年7月至1945年8月，任北平市市立高级职业学校校长，任职期间坚守工业教育救国初心，在课堂上宣

---

① 北京市地方志编纂委员会.北京志·人物卷·人物志［M］.北京：北京出版社，2016：146.

传爱国思想，培植中坚技术人才，推动"市立高工"成为享誉全国的中等职业院校。

工业教育救国

20世纪30年代是中国职业教育发展的重要历史时期，面临日本帝国主义侵略以及国民政府黑暗统治，北平市市立高级职业学校历尽艰辛，在抗日战争烽火中坚持办学，屹立不倒。在李直钧等校长主持下，学校秉承"施行职业教育，以造就实用工业人才"办学宗旨，抱定"将来世界工学，还以我国为大宗"教育理念，注重实践，强调知识与生产相结合。广大师生在国难中不懈奋斗，使学校成为一所国内享有很高声誉的中等工业学校。

1940年8月，曾任北京第四中学物理教师的李直钧先生接任北平市市立高级职业学校校长。据学生们回忆，李直钧校长为人诚朴敦厚、治学严谨、嗜学不厌，通晓英、法、德、俄、日五种外语，教学水平之高在北平中等教育教师中号称"四大金刚"之一。他担任校长期间，正处于抗日战争的战略相持阶段，在险恶环境下，他忧国忧民，坚持对学生宣传爱国主义思想。他负责工程材料力学课程教学，讲课生动，理论联系实际，经常利用假期带领学生外出参观工厂、研究所，重视培养学生的工程实践能力，深受学生的爱戴与崇敬。他还从北大、清华、天大等校请来陈孝开、李欧、杨曾艺、李颂琛、秦一行等教授来校任教。

1945届土木科李欣在回忆录里谈道："什锦花园高工的校门是斜的，斜的好，表现了它坚韧不拔的作风，校内孕育着革命的烈火，培养了大批革命的人才……从校长到老师都是搞学问的人，只讲认真求实，生活上是俭朴的，不讲究形式外表，注重脚踏实地为祖国建设服务……团结战斗是高工的老传统……学习上，出去参观没有钱，白发苍苍的李直钧校长亲自领着出阜成门，走到八里庄参观试验路段，当场对不同路面、不同材料配比和不同磨损情况，进行观摩讲解，使大家一目了然。李校长也曾领着同学去西郊公主坟、五棵松参观新建筑，边走边讲解，这又是一堂城市规划课。"

通过李直钧校长殚精竭虑的付出，学校筚路蓝缕，艰难发展，积累了开设中等专业教育的丰富经验，办学水平已非初创时可比。虽然遭到外敌侵略而沦陷渊谷，办学条件日益艰难，但学校广大师生同仇敌忾，在逆境中坚持奋斗。他多方排难、致力办学，使什锦花园老校舍经过几度扩充，建立机械、化工、土木三科并列的完整教学实习体系。

为获得更好的发展条件，李直钧校长认为学校已然达到一定的教育水平，建议更改校名，使教育实际与校名相符。1944—1945年，他代表学校数次呈请日伪教育当局并亲自到伪教育局催促更改校名。[①]他在报告中论证道："属校自民国二十八年（1937）奉令改原有普通三年制为特定四年制后，增加修业年限，提高教学程度，培植中坚技术人才，适应国家社会需要，行之既久，改进亦多。时至今日，痛感有亟宜改定校名，以求名实相符之必要。……请求改定属校名为北京市立工业专门学校或北京市立工业学院，二者择其一，殆无不可。"这是学校兴办工业学院最早的设想，且是在最为艰难困苦时发出的呐喊，从这里就可看出学校坚韧不拔和顽强奋进的精神传承。虽然国家处于风

---

① 北京市立高级工业职业学校校长李直钧呈请市教育局更名校名的报告［A］.北京市档案馆藏，1944—1945.

雨飘摇中，教育经费更是杯水车薪，致使学校若干建设计划未能实现，但是师生们教育救国的初衷不改，在国难中矢志不渝、苦苦坚守、勤奋治学，期盼着毕业后运用自己的学识报效祖国。

1945年5月，经日伪当局核准，学校改为"北京市市立高级工业学校"。本次更改校名因处于抗战胜利前夜，存在仅三个月，仅见上述资料，并未被学校公开的历史大事记所记载。但从中可以看到学校自实业教育起家、走向平民职业教育之路，向着工业技术教育即中等专业教育发展的脉络。从此直到新中国成立之后一段时间，"市立高工"成为莘莘学子魂牵梦萦的学校，也成为优秀中专学校的代名词。

1945年8月15日，日本帝国主义宣布投降。21日，国民政府重新更名北京为北平。10月，北平市政府成立。学校改为"北平市市立高级工业职业学校"，归属国民党北平市教育局领导。转年8月，奉教育部令，学制由四年制改回了三年制，以加快为社会输送人才和解决就业问题。

李直钧任校长期间，学校在抗日烽火中坚持办学，为国家培植中坚技术人才，工业教育救国初衷不改，"市立高工"成为享誉全国的中等职业院校。

献身教育事业

早在1927年，李直钧用自己的多年积累的薪水，创办了私立直钧小学①，校址位于东城区草厂胡同24号。成立之初，李直钧希望用教育拯救祖国，振兴祖国。新中国成立后，李直钧看到了新生活的曙光。为了支持新中国教育事业，他把私立直钧小学，包括130多间校舍的房产全部献给了人民政府。

新中国成立后，他在河北师范学院担任物理系讲师。1955年担任河北师范学院图书馆主任。他的一生都贡献给了教育事业，用自己满腔心血培育了大批人才。党和国家的一些领导人，如荣高棠、康世恩、张爱萍、杨秀峰、胡启立等都是当年李直钧的学生。桃李满天下。

20世纪80年代的李直钧（选自《河北师院笔记》）

李直钧在工作上从不向组织提任何要求。据学生赵振军回忆：在北京时，由于住所离学校较远，李直钧中午从来不回家，在办公室的桌子上趴会儿就算休息了。同志们提出给他安排一间休息室，他坚决拒绝。②

李直钧知识渊博，著有《应用力学》《测量学》《回旋加速器》《中

---

① 私立直钧小学，创办于1927年，校址位于东城区草厂胡同24号。1951年兴华小学、育亚小学和直钧小学合并，仍叫直钧小学。1956年改为公立草厂小学。

② 赵振军.河北师院笔记［M］.石家庄：河北人民出版社，2019：232–233.

学物理教科书》《工程材料学》《物理纲要》《中级物理实验》《高中电磁学》《高中标准物理学》等书，译著有《理工学用矩阵法》等。他勤奋好学，从不自满，诲人不倦，有求必应。不管是学生，还是老师、校内外职工，只要提出要求他都热心回应，满腔热忱，为青年学生学习提供条件和帮助。有一次，一位青年同志闲谈时提及自己的毛笔字太差，李直钧听后，第二天就拿着毛笔、砚台、字帖送上门去。他的行动让学生深受感动。

李直钧对祖国对人民的热爱，赢得了祖国和人民对他的赞誉。1982年，中国物理学会授予他"从事物理科研教学五十年"金质奖章。

佘涤清：北平学生运动的卓越领导人

简介：佘涤清（1917—1999），男，河北获鹿人，1936年加入中国共产党，原中共北平地下党学生运动的杰出领导人之一，北京市党的组织战线的优秀领导干部。[①] 曾任华北联合大学组织科副科长、校党委委员，中共晋察冀中央局城工部北平市学校工作委员会书记，参与了北平和平解放的具体组织工作。[②] 1949年起历任北京市人民政府办公厅第一副主任兼人事处处长、市企业局副局长、市企业公司副经理。1952年兼任北京市工业学校校长。1952年至1962年，任中共北京市委组织部副部长、部长。1978年起任中共北京市委常委、组织部部长，市纪律检查委员会筹备组代理组长，市委党校副校长。1983年至1988年任北京市第八届人大常委会副主任、党组成员。曾任北京市第

佘涤清（选自《北平记忆》）

---

① 佘海宁.北平记忆：纪念佘涤清逝世十周年［M］.北京：中国社会科学出版社，2009：1.

② 北京市地方志编纂委员会.北京志·人物卷·人物志［M］.北京：北京出版社，2016：115.

七、八、九届人民代表大会代表，北京市第一至六次党代会代表，中共北京市第一至四届委员会委员，第三、四届市委常委，中共十二大代表。

佘涤清，1952年兼任北京市工业学校校长。他在青年学生时代就追求真理，投身革命，对国家忠诚，有着崇高的革命理想追求，无私奉献，清廉质朴，正直坚韧，在那个战火纷飞的年代，从农民子弟成长为中共北平学生运动的领导者。

投身革命的热血青年

1917年4月，佘涤清出生在河北省获鹿县的一个农民家庭。因家中世代没有文化，吃尽被人愚弄的苦头。到了他这一代，为了不被人欺负，父亲支持佘涤清读书，希望他将来毕业后当个小学教师。父母给佘涤清的教育概括起来就两个字，一个是忠，一个是孝。小学时期，佘涤清在家庭教育的熏陶下，读书的目的就是希望将来不被人欺负。上到高等小学时，他的思想发生了变化。当时给佘涤清上课的老师经历了五四运动，受过大革命的洗礼，经常写些稿子，揭露时弊，有时候会让佘涤清等同学抄写。久而久之，佘涤清的认识发生了改变，希望用文字来唤起民众的觉醒，产生了想当一名作家的想法。

1931年，"九一八事变"爆发。14岁的佘涤清在河北省立第一师范学校求学，看到天津到处悬挂日本太阳旗，佘涤清深感屈辱。他开始思考"中国人为什么受欺负"，并希望从书中寻找救国的出路。佘涤清经常听历史老师在课上讲："我们中国受欺负，是科学技术不发展。"

为了改变中国受欺负的现状，佘涤清立志改学数理化。

与此同时，佘涤清读到了《资本论》《大众哲学》《大众生活》等书，在这些书籍中，佘涤清看到了在"十月革命"后，苏联在斯大林的领导下走社会主义道路，制定了国民经济发展五年计划并付诸实施，西伯利亚地区工农业发生了巨大的变化。这些文字和数字，让佘涤清清醒地认识到社会主义好。

佘涤清寻求救国之路，开始时曾寄希望于国民政府。1935年，佘涤清读高二，他怀着抗日热忱，参加了国民党政府举办的军训，但那"攘外必先安内"的论调，使他对国民党感到失望。1935年12月9日，北平发生"一二·九"学生运动，提出"停止内战，一致抗日"的口号。佘涤清与学校的师生一起参加了天津"一二·一八"抗日大游行。在斗争中，他迅速成长。1936年3月，佘涤清加入了中华民族解放先锋队（简称"民先"），担任校学生会监察委员会主席，并积极要求加入中国共产党。党组织派人找他谈话，说加入中国共产党是有杀头危险的，你怕不怕？佘涤清回答："我申请加入共产党，已把生死置之度外！"很快他就由同学刘泽华介绍加入了中国共产党。

由于他在学校组织领导了抗日活动，引起校方注意，1936年高中二年级暑假时，被学校以"思想极端反动，想推翻政府"的罪名开除。为了不给家人增加负担，佘涤清辗转找到宁夏银川一所小学担任体育教员，后又到宁夏师范学校当了代数和教育概论老师。为了拉近师生距离，发现进步学生，佘涤清还自学了蒙语。同时他抽时间学习俄语、日语、英语。但宁夏在军阀马鸿逵的严格统治下很是封闭，军阀镇压进步力量，实行白色恐怖。佘涤清很难接收进步信息，也接不上组织关系。

1937年，"七七事变"爆发，全国掀起了抗日救亡热潮。为了寻找光明，只有20岁的佘涤清本想奔赴延安，但从银川没有直接去延安的通路。他便绕道西安，正赶上"民先"招抗日青年，他应招到了山西临汾。1938年1月，佘涤清进入山西民族革命大学①。之后两渡黄河，终于在1938年4月到达延安，进入了陕北公学，重新加入了党组织。

在陕北公学学习的那段时间，佘涤清系统学习了四门功课——社会科学、中国问题、游击战争、民主运动，亲耳聆听了很多党内高级领导人的授课。让佘涤清记忆最深的是毛主席的两句话："我没有多少东西，只能送给你们两件礼物。第一件，是坚定不移的政治方向。第二件，是艰苦奋斗的工作作风。"虽然条件艰苦，住的是简易窑洞，上课席地而坐，吃的是小米饭、黑豆芽菜，但大家毫无怨言。三个月的学习为佘涤清打下了坚实的思想理论基础。

抗日战争初期佘涤清在
陕甘宁边区(选自《北平记忆》)

毕业后，佘涤清被分配到陕北公学分校的教务科工作。1938年年

---

① 1937年11月太原失守后，面对日本侵略者的疯狂进攻，阎锡山的晋绥军纷纷溃散，阎锡山为保存实力并充实抗日有生力量，接受了中国共产党建立抗日民族统一战线的主张，成立了山西民族革命大学。校长由阎锡山自兼，下设军训、政治、教务、总务四个处，共产党员杜任之和杜心源分别担任教务处主任和政治处主任。设立军事系、民运系、政治系等。

底，陕北公学分校撤销，成立高级队。组织派佘涤清继续深造，学习结束后任干部队的党支部书记兼管组织工作。佘涤清给自己定了两条工作原则：第一，了解人，对每位同志都清楚；第二，进行革命传统教育。经过三个月的锻炼，佘涤清已经能够单独开展工作。

1939年7月，中央决定在晋察冀抗日根据地组建华北联合大学。佘涤清行军三个月，到晋察冀边区阜平，任联大组织科副科长，参与了学校党委工作，在此经受了游击战争的实践锻炼。

1942年，敌人大"扫荡"。佘涤清带领部分学生突围，在途中和地方部队碰上，口令没有说对，被冲散了。大家为了跑起来方便，把东西扔掉了。当时天气很冷，只有佘涤清一人有床被子，夜里三位同志挤在一起裹着被子，虽然又冷又饿，但他们相互鼓励坐到天明。那段时间，佘涤清身体一直不太好，从反"扫荡"前三天开始患疟疾，一到晚上就发烧，持续一年。但即便如此，佘涤清从没有因病影响工作，仍坚持精心备课，经常与学员交流思想。当时因为农工部没人，佘涤清还拖着病体主动承担农工部工作。直到1942年5月，组织上安排佘涤清到卫生所住院，身体才慢慢好起来。这次生病让佘涤清深感干革命必须有个好身体，好身体是干革命的本钱。

1942年，由于自然灾害和敌人的不断"扫荡"破坏，晋察冀地区的财力很难支撑华北联大这样大的一所学校。10月，学校缩编，佘涤清被调到晋察冀中央分局组织部内的城市工作委员会（简称"城工委"）工作，负责秘书、组织、交通等工作。

这些工作非常细致、具体，佘涤清以高度负责的精神，周密地完成了平津地区学生党员和革命青年的培训和派遣任务，为平津等地区城市地下党组织的建立及发展付出了大量的心血，为培养青年干部做出了积极贡献。

运筹帷幄的坚强领导者

佘涤清是解放战争时期中共北平地下党学生运动的领导人之一。在担任学委书记期间，他认真贯彻执行了党的白区工作原则，坚持了"隐蔽精干，长期埋伏，积蓄力量，以待时机"和"有理、有利、有节"的政策和策略，不断探索，开创性地进行工作，使北平的爱国学生运动此起彼伏，有力地推动了国统区人民的民主运动，受到毛泽东的赞扬和肯定。北平的学生运动在全国学生运动中占有重要地位，这与他的不懈努力是分不开的。

抗战结束后，党加强了城市工作的领导。1945年9月，佘涤清被任命为中共北平地下党学委书记。1946年2月，佘涤清奉党的指示，化装成卖估衣的小商贩进入北平，暂住关系户徐冰家中。进城后如何能站住脚、有个合法身份对佘涤清来说是个十分现实的问题。虽然他早年曾在平津等大城市生活和工作过，可毕竟已在农村根据地生活了8年，重新进入北平这个大城市，他对一切都感到陌生。从外表看，他长得又黑又壮，衣着却都是新的，与周围环境极不协调，关系户的家人背后叫他"傻姑爷"。为了尽快适应环境，开展工作，佘涤清白天很少出门，也不敢与人交往。他利用白天时间抓紧时间看北平的各种报纸，了解北平的风土人情。晚上，他找同志谈话，掌握组织情况。经过一段时间的观察和学习，他的言谈举止才逐渐适应了环境。后经人介绍，他在安定门外育青女子职业学校当了国文教员，找到了掩护职业。因为佘涤清肩负着重要任务，在教师和学生面前从未露出进步面目。他忠于职守，在同事眼中是一个勤勤恳恳的"教书匠"。

渴望新知识的学生认为他教的东西"保守"。他的住处是保密的，从不约学生到家中谈话。多年以后，一个进步学生见到他说："我是老师喜欢的学生，老师家我都去过，就是没去过你家。原来你是地下工作的领导呀！"

有了职业掩护，佘涤清的主要任务变成了转变学生的思想认知。日本投降以后，许多人认不清国民党的真正面目，认为国民政府是抗日的，视蒋介石为"民族英雄"。但国民党官员进城接收后，竞相抢夺"条子（金子）、房子、车子、票子、女子"，骑在人们头上的日伪军一夜之间又变成了国民党的地工人员。国民党实行的币券兑换法，更是想方设法盘剥人民。人民编了顺口溜："国民党是刮民党；中央军是遭殃军；接收大员是劫收大员。"佘涤清抓住这些有利时机，组织学生看电影《一江春水向东流》，然后让他们讨论；还组织同学到张家口参观。参观回来的学生一传十、十传百，反响极大。这样使学生思想逐渐转变，开始反抗国民党。

1945年年底佘涤清在根据地（选自《北平记忆》）

在根据地城工部工作时，大主意都是刘仁拿，佘涤清只负责具体工作。进城以后，他成为独当一面的主将。当时没有现代化的通信工具，不可能随时和根据地联系，遇事必须独立思考，根据当时具体情况，及时做出决断。特别是每次运动一来，势如疾风暴雨，情况瞬息万变，更须当机立断，不容请示上级，贻误时间。佘涤清只能在斗争实践中不断摸索前进。中共地下党在北平取得反"甄审"斗争的胜利后，北平学生又掀起了反对国民党伪国大选举的斗争。北平市的60名国大代表候选人，都是市政府社会局召集16个区的区长开会派定的。国民党的伪民主激起了广大学生的极大愤怒。他们纷纷要求请愿、游行，都被佘涤清劝阻了。他召开了学委会议，分析了形势，面对学生们对国民党操纵选举的本质认识不清的实际情况，决定召开群众大会，揭露国民党的阴谋，并布置各校做了准备工作。1946年4月21日下午2点，他们在中山公园音乐堂召集会议，国民党政府派特务砸了会场，打伤了正在讲演的陈瑾昆教授，造成了流血事件。而会场"维持秩序"的国民党警察、宪兵却袖手旁观。通过这件事，佘涤清深刻认识到：在国统区我们处于劣势地位，处于秘密的、"非法"的状态。国民党当局则是当权者，我们干任何工作都必须从这个基本事实出发。

在秘密的环境下开展工作，没有固定的模式可循，有时意外情况来得突然，令人始料不及，在实际工作中就有一个不断积累经验、逐步成熟的过程。1946年6月，国民党悍然进攻中原解放区，发动了全面内战。同时，国民党当局为巩固后方，在国统区加紧控制，镇压共产党和爱国民主人士。北平的形势也发生了急剧变化，白色恐怖笼罩北平城。如何保存革命力量，免遭国民党反动派的破坏，是把进步学生撤到解放区，还是保存下来坚持工作，若不撤走遭到敌人破坏怎么办？身为学委书记的佘涤清一直在思考这个问题。为此他召开学委会议，让大家讨论这个问题。会议决定把暴露的学生全部撤回解放区。50年后，佘涤清在谈到这件事时仍深刻地反省自己，不无感慨地说："学委做出撤走学生的决定后，因为无法向上级请示，自己跑到军事调处执行部去打探消息。当听到师大女附中撤走几十人后，一夜没有合眼，心里十分焦急，多年辛苦培养的骨干一下子撤走那么多，今后的工作如何开展呢？凌晨4点我派人到火车站去找人，想留住他们，但为时已晚。这件事对我触动很大，人进了城，角色变了，可思想方法还没有转过来。遇事不能果断做出判断，问题的关键是没有深入社会实际中去，不能掌握全局，不能对具体问题做具体分析。经过这件事的挫折之后，我才真正进入了工作状态，能实事求是地分析，解决问题，能独立自主地开展工作了。"

在以后的工作中，佘涤清更加深入实际，增订了不少报纸和杂志，从中分析、掌握敌人的动向，了解国民党要人的行踪，甚至美国驻华大使的行踪，为决定斗争方针提供依据。同时他认为不仅是学委，每个学校、每个支部都必须具备独立思考、独立作战的能力。他经常教育各支部领导成员，要善于观察形势变化，深入了解各方面情况，认真听取群众意见，在运动中根据形势变化和群众意见，及时做出判断，领导群众前进。1946年8月他与被派到南开大学开展工作的沙小泉的谈话，充分体现了这一时期的思想。"现在，内战形势恶化，白色恐怖加剧，在这种形势下去天津南开大学，在新的环境中，在大批新同学中，党员要通过各种方式广泛、密切联系群众，了解情况，扎下根，再图发展。要广交朋友，还可以建立各种合法的群众组织，但不要办政治色彩浓厚的壁报进行政治论战；还可以组织适合各种不同兴趣爱好的中间、落后群众要求的社团、读书会、同乡会、同学会等。要创造条件建立和掌握学生自治会，但要注意，不要把学生自治会搞'红'了，以免被国民党当局解散，失去公开活动的条件。"最后他嘱咐说："做地下工作随时都有危险，既不要怕，又要时时刻刻提高警惕，有思想准备。万一被捕要冷静，在任何情况下，即便是有叛徒指供，也不要暴露自己的党员身份，更不要暴露组织，出卖同志。"

实事求是的指导思想，始终贯穿在地下党组织的发展工作中。例如，有一个学校反映，该校有位同学积极要求进步，迫切要求加入进步组织，但是他曾经参加过国民党的三青团。对此，佘涤清找这位同学谈话，了解到他们都是在学校集体加入三青团的，是受蒙蔽者。佘涤清认为这个青年人本质好，又向往光明，决定吸收他参加民联组织。后来该同志因较好地完成了组织交给的任务，被吸收入党。另外，当时有山东三位表兄弟同在北京上大学，一位是中共地下党员，另一位是国民党员，最后一位哪边都不介入，自称是不参加党派斗争的中立者。如何争取这位中立者？佘涤清指出，我们不急于找他谈话，要慢慢地接近他，在他对我们产生信任感后，再做争取他的工

1946—1949 年佘涤清在北平（选自《北平记忆》）

作。经过一段时间努力，发现此人蜡版刻得好，地下党组织就请他帮忙刻蜡版，他愉快地接受了任务，而且干得很认真。有一次他刚刻好的蜡版被那位国民党员表兄发现，竟把他辛苦刻好的蜡版毁坏扔掉了。这位表兄的举动，一下子就把中立者推向我们一边。经过耐心细致的教育工作，我们的队伍中又多了一名战斗员。总之，佘涤清在北平三年多的地下工作中，这种能因时因地因人做群众的思想工作，团结同

志，瓦解敌人的例子还有很多。

在白色恐怖下坚持党组织的发展和建设的同时，佘涤清还根据形势的发展变化，坚持对党员进行革命立场、革命气节教育。同时宣传隐蔽斗争的重要性和遵守党的纪律的必要性，根据不同人的不同情况，采用不同的隐蔽方法。对于比较活跃的同学安排他们尽量少参加公开活动，让中间同学多出面，女同学的穿着可以讲究些，也可以穿高跟鞋；对于不注意隐蔽、公开参加活动的学生干部，从爱护的角度和党的地下工作的原则给予批评教育，指出这种做法的危害性；在城里实在待不下去的同志，及时送到解放区以保证安全。面对随时都有被捕、坐牢、牺牲的危险，佘涤清要求事先编好口供，一旦发生意外情况，尽量按编好的口供保护自己、迷惑敌人；即使遭到严刑拷打，也决不能暴露党的机密，决不能出卖革命同志，这是每一位共产党员应有的品质。由于北平地下党员学委把对党员、盟员进行革命气节的教育工作贯穿始终，在整个解放战争的北平学生运动中，虽有少数人被捕、坐牢、受刑，但没有一人出卖组织，供出战友，北平学生运动没有遭到大的损失和破坏。直到现在，不少老同志回忆起当年的革命气节教育，还动情地说："气节教育，使我终身受益。"

在严酷复杂的斗争中，佘涤清不畏艰难，讲究策略，把对敌斗争的原则性和灵活性紧密地结合起来，在上级党的领导下，带领学生中的地下党组织，因势利导，审时度势，组织和引导革命学生同国民党统治展开了一系列有理、有利、有节的斗争。尤其是领导了震惊中外的北平学生抗议美军暴行运动，充分显示了他的组织才能和政策水平。

1946年12月24日，美军士兵强暴北大女学生，北平各校的同学群情激愤，进步同学要求游行示威，但是也有相当部分中间同学对美蒋的反动面目认识不清。加上国民党反动当局掩盖事实，编造谣言，说此事是共产党搞的"苦肉计"等，使不少同学还在徘徊、观望。面对这种情况，学委决定：从现实实际情况和大多数学生的思想实际出发，广泛发动群众展开讨论，依据形势发展再做决定。佘涤清亲自到北京大学布置此项工作。12月27日，北京大学在一次女同学的集会时进行了投票，在300人中，赞成罢课的有100人，赞成游行示威的只有50多人。显然，群众的觉悟还处在启发阶段。如果按照少数进步学生的意见上街游行，很可能脱离大多数群众。然而，随着事实的不断公布，同学们的愤怒越来越强烈，就连北平街头的老太太都说："美国兵强奸中国女大学生，是天下第一大坏蛋。"这样一来，各校散布谣言的国民党员、三青团分子就更加孤立了。12月29日，国民党特务闯进北京大学校园，捣毁了抗暴筹备办公室，殴打、谩骂正在开会的同学，还抓走了一批学生。特务们的行为，更加激怒了中间的广大学生，游行示威成为大多数学生的迫切要求。佘涤清及时找南系学委负责人袁永熙商量，认为示威游行的条件已经成熟。1946年12月30日，北平学生1万多人走上街头，"美国兵滚出中国去！"的口号声响彻古都上空。在此次游行的影响下，全国各地迅速掀起了声势浩大的抗暴运动，打响了内战爆发后蒋管区学生大规模反蒋反美的第一炮。

　　31日，抗暴游行结束后，佘涤清召开北系学委会，总结了抗暴运动取得胜利的原因："党的团结是胜利的根本保证；搞群众运动必须走群众路线；搞群众运动要根据当时、当地的环境和条件，根据群众的觉悟程度，提出一个为广大群众，包括中间群众所能接受和拥护的口号与要求。地下党响亮地提出的'反对美军暴行、美军滚出中国去'的口号，符合北平广大学生和市民的要求，并将口号的精神贯彻运动的始终；要培养基层组织和广大党员独立思考、当机立断的能力，让他们大胆主动地做好工作。"[1]他还特别指出："南系党组织有同国民党反动派做斗争的丰富经验，他们在昆明成功地领导了著名的'一二·一'学生运动。在抗暴运动中，北系党组织向他们学习了不少领导群众运动的方法和对敌斗争的巧妙艺术。这种学习和取长补短是必不可少的。"

北平抗暴运动发展速度之快，规模之大，超乎了党组织的预期。游行之后，学生很快复课，这些工作得到上级党组织的高度认可："符合速战速决的策略！"

经过长期的斗争实践，佘涤清已经成为一个成熟、稳健，既有较高的政策水平，又有丰富实践经验的学生运动领导人。继抗暴运动之后，1947年5月，北平地下党又成功地领导了北平学生"反饥饿、反内战、反迫害"运动。

由于蒋介石不断扩大内战，国统区的经济凋敝不堪，物价飞涨，广大人民挣扎在饥饿线上。学生们向饥饿宣战，向制造饥饿的人宣战。各校开展了为生存而战的活动。北平国民党当局残酷镇压学生正义行动。面对此状，佘涤清采取谨慎的工作方针，巩固自己的力量，集中打击敌人，充分发动群众，把群众团体团结起来。1947年暑假，学委组织募捐活动，救济困难同学。这样做接近了群众，得到了他们的拥护，避免敌人破坏。正如佘涤清写给城工部的报告中所说："搞学生运动和在根据地打游击一样，必须有充分的准备时间，同时要周密地考

---

[1]　中国人民政治协商会议北京市委员会文史资料研究委员会.北平地下党斗争史料［M］.北京：北京出版社，1989：33，35.

虑当时当地的形势和环境。"

历史经验证明，越是在群众运动高涨的时刻，党组织的领导人越要保持冷静头脑，以掌握党的策略原则。在"五二〇"反饥饿、反内战的斗争取得胜利后，华北学联成立。在一系列斗争取得胜利的情况下，有些进步同学过高地估计了自己的力量，要乘势大干。例如，北京大学一同学突然建议把6月2日定为"全国反内战日"，要在这一天发动"四罢"（罢课、罢教、罢工、罢市）斗争，并发动全国蒋管区各大城市一致行动。大家反响热烈，通过了这一决议。当晚，北大法学院地下党支部书记项子明向佘涤清汇报了这一情况。佘涤清听到这一消息后，马上指出这个决定是错误的，是胜利冲昏了头脑，是冒险行动。他认识到问题的严重性，迅即召开学委紧急会议，总结了前一阶段的斗争经验，分析了"四罢"动议的错误，指出当前地下党的主要任务是巩固胜利成果，扩大党的政治影响。"四罢"是脱离广大同学的，在敌强我弱的情况下是不现实的，而且事先公布"四罢"日期，等于给敌人通了信，给了敌人准备对付我们的时间。学委决定，南北系学委联合，在进步同学中做深入细致的思想工作，取消"四罢"的错误决定，并把这一情况紧急报告给晋察冀中央局城工部。经过南北系领导及各校负责同志做工作，决定将原"四罢"行动改为6月1日在北大沙滩广场举行"民主广场"命名大会典礼；6月2日各校在校内举行"反内战死亡烈士"追悼大会，不再上街游行。这一正确的做法，得到中共中央的肯定。

会后，学委又领导北平学生开展了助学运动，帮助贫苦学生募捐、义演、义卖等。运动方针大体是：活动争取合法，扩大统一战线的面，争取广大群众都参加。据佘涤清回忆：北平的大、中学生有60%左右参加了助学运动。此次活动共捐得5亿元，1700多人申请，1500人得到数额不等的补助。募捐活动的目的是教育学生，让学生明白什么是为富不仁。国民党当局也说，这是共产党搞的反饥饿斗争的继续，这说明共产党更狡猾了。后来国民党搞了个"难区同学会"，他们出资金，让"难区同学会"也搞活动，结果被进步同学揭穿。经过此事，佘涤清到天津听取汇报、指导工作时，总结了北平工作的经验："今后我们要建立、发展党的外围组织，发展各种学生组织社团，把大批积极分子更好地组织起来；要克服'左'的情绪，重视分散活动，做深入细致的群众工作，集中斗争必须同分散活动相结合，波浪式前进；要多做中间、落后学生的工作，扩大团结教育群众的面。"总之，北平地下党学委领导人正确处理"六二"事件，成功地领导了助学运动，创造性贯彻执行了党的白区工作有理、有利、有节的正确方针。

迎接北平和平解放

在长期的斗争考验中，佘涤清在做好学委工作的同时，直接参与和领导了北平和谈工作。

1948年冬，佘涤清按刘仁的指示，回城后与崔月犁一起找傅作义的女儿傅冬菊（又名傅冬）谈话。50多年后，傅冬菊仍然记得谈话的内容："佘涤清对我说：'咱们虽然没有见过面，但对你还是了解的。刘仁几次嘱咐我，注意你的表现，发展入党。你编辑的《大公报》副刊我都看过……你回去与你父亲说共产党找你，看他是不是真心要和谈，看看他的态度和反应吧。'"佘涤清还与傅冬菊共同分析了傅作义有可能接受和平谈判的原因。此后，傅冬菊全力承担起做其父工作的历史重任。傅冬菊告诉其父：找到了共产党。傅作义问："是毛泽东派来的，还是聂荣臻派来的？"傅冬菊回答不上来，又去问佘涤清。佘涤清告诉她，是毛泽东派来的。当时的工作就细致到这种程度。同时佘涤清还领导李炳泉做其堂兄李腾九的工作。李炳泉随傅作义的代表出城谈判，他安排了时任北平《益世报》采访部主任的刘时平担任地下党与傅作义的联系人。从安全考虑佘涤清又决定李炳泉暂时不要回城。佘涤清还亲自与燕京大学校长陆志伟谈话，讲了形势和我们党的政策，起到了很大的作用。

佘涤清正在为北平和平解放日夜操劳时，1948年12月31日，在与刘时平联系时，被蹲坑的特务误抓，关在东华门警备司令部看守所。因为里面关的人很多，谁最后进牢房的，谁就坐在马桶上，佘涤清一坐就是一个星期。在审讯佘涤清时，他一听就明白了，敌人没有抓住把柄，在诈唬他，心里踏实多了。在回答敌人问话时沉着冷静地说："我是从宁夏复员回来的，在中学教书，不知道你们为什么抓我。"敌人说："你是中学老师，是有身份的人，你干的事我们都知道了，说出来我们就放了你。"佘涤清回答："我是个老实人，不知道的事不能瞎说。"敌人一看审不出东西来，就把他押回牢房。审讯佘涤清的狱警说："审不出东西来，也不能放他，此人太沉着了。"佘涤清在警备司令部看守所关了8天，因敌人找不到佘涤清的任何罪证，无法送到国民党的青训所和特刑庭去，只能将他送到炮局陆军监狱。此时临近解放，敌人已经人心惶惶，不知所措，对关押人的审讯也敷衍了事，走走过场。每顿饭是一个窝头、一碗蒸锅水，每天放风一次。佘涤清在国民党监狱坐了23天牢，瘦了20多斤，经受了锻炼和考验。

新中国成立后，佘涤清是北京市党的组织战线上的一名优秀领导干部。他长期从事党的组织工作，成绩卓著，深受广大干部的尊敬与信任。

北平被接管后，佘涤清在彭真办公室工作。1949年3月后，佘涤清历任市委副秘书长、市委办公厅副主任兼人事处长和机关党委书记。1950年1月，调任北京市企业局副局长，分管私人工业。后来因工作发展需要又成立了企业公司，佘涤清任副总经理，专管地方国营工业。1952年上半年，北京市立工业学校划归北京市公营企业公司领导，明确任务为地方工业培养技术人才，任命公司副经理佘涤清兼学校校长。1952—1966年，佘涤清历任北京市委组织部副部长、部长。1983年当选北京市第八届人大常委会副主任后，主管政法和民族侨务工作。1988年离休。20世纪80年代开始，佘涤清开始研究北平学生运动史，他与杨伯箴合写了《第二条战线上的先锋——回忆北平地下党学委领导的学生运动》。直到逝世前夕，他仍在认真学习党中央关于在领导干部中开展"三讲"教育的文件和材料，为党和人民的事业倾注了毕生精力。他的一生是为党的事业艰苦奋斗的一生，是为人民事业无私奉献的一生。

本文根据史建霞撰写的《佘涤清传略》改编而成，原载于《北京党史》1999年第5期。

沈勃：新中国首都规划设计的领导人

简介：沈勃（1918—2012），男，1918年9月出生于山东黄县，原名张豫苓。1941年在燕京大学读书时参加了中国共产党领导的抗日地下斗争。1943年11月加入中国共产党，成为北大工学院第一个地下党支部委员。1945年夏，北大工学院校友会成立，沈勃被选为校友会主席，领导开展地下斗争。1949年2月，沈勃被任命为北平市第七区区长。12月，调任为北京市政府地政局党组书记兼副局长。1952年，兼任北京市建筑专科学校副校长。1953后，先后任北京市建筑设计院副院长、院长，北京土木工程协会副理事长，中国建筑学会副理事长。其间，直接参与并组织领导了国庆"十大工程"中的人民大会堂、革命历史博物馆、军事博物馆、民族文化宫、迎宾馆、工人体育场、民族饭店和华侨大厦的设计工作。1970年，任北京建筑工程学校"革

沈勃在崇实中学读高中
（选自《北平解放 首都建设札记》）

命委员会"副主任。1972年，任北京市城市规划管理局局长兼党委书记，直接主持领导了全市的城市规划、勘测设计、地名整顿和地下管网普

查等方面的工作，组织领导了"北京城市建设总体规划方案"的制定。1977年，调到北京市建设委员会任常务副主任，同时兼任市科委副主任、市规划委员会副主任。1983年，退居二线，任北京市人民代表大会常务委员会党组成员，担任城建委员会主任，领导全市的城建立法和执法监督工作。1988年离休。

沈勃，原名张豫苓，后因参加抗日地下工作改名为沈勃。他的一生两次与北京建筑大学结缘，第一次是1952年兼任北京市建筑专科学校副校长，第二次是1970年任北京建筑工程学校"革委会"副主任、副校长。他致力于中国革命事业和新中国的城市建设。他的故事真实而鲜活，是北建大人心中一道火红的色彩。

进步思想启蒙

沈勃家世代为农，到爷爷这一代，除了种地还做点小生意，家境逐渐有所改善。年幼时，爷爷经常给沈勃讲岳飞精忠报国的故事，带他下地干农活、修理农具。"眼是草鸡毛，手是英雄汉"是爷爷告诫沈勃的一个朴素道理，这句话影响了沈勃的一生。

1932年，沈勃考入山东黄县县立中学。三年的初中生活让沈勃读了不少国内外名著，包括鲁迅、巴金、茅盾等中国当代进步作家的作品，也看了不少苏联作家如高尔基等人的著作，接受了进步思想的启蒙。尤其是语文老师和历史老师在上课时宣扬的"抗日救国""反独裁"的进步思想，为沈勃走上革命道路打下了一定的思想基础。

1935年，沈勃考入北平市崇实中学。中间因"七七事变"，被迫停学，后又复学。他埋头苦读，名列前茅。

参加抗日地下斗争

1941年，沈勃以全班第一的成绩从北平崇实中学毕业，并以最高奖学金的成绩考入燕京大学物理系。在燕大，沈勃认识了中国共产党地下党员凌青[①]，并在凌青的介绍下开始阅读晋察冀解放区出版的书刊，慢慢地开始参加抗日宣传活动。

2003 年沈勃和凌青同志的合影（选自《北平解放　首都建设札记》）

1941年12月，太平洋战争爆发，燕京大学被迫关门，沈勃向组织请求去解放区参加抗日工作。组织经研究认为北平地下工作很需要人，

---

① 凌青（1923—2010），原名林墨卿，是林则徐的五世孙。全面抗战初期，他就读于燕京大学时，参加了中共地下组织，是新中国外交元老。曾任中华人民共和国驻联合国特命全权大使，福建省政协副主席，离休后曾任林则徐基金会会长。

决定让沈勃留在北平战斗。从此，沈勃正式加入了中国共产党领导的抗日地下斗争。

1942年春，沈勃转入北大工学院土木系以学习为掩护，开展抗日活动。当年夏，沈勃的组织领导关系遭受敌人迫害。几经辗转后，沈勃的领导关系转到北大工学院宋汝棻[①]处。1943年，沈勃经宋汝棻介绍加入中国共产党。

沈勃与宋汝棻同志合影（选自《北平解放 首都建设札记》）

---

① 宋汝棻（1922年2月—2014年1月20日），原名袁绶绪，山东烟台人，中国共产党党员，沈勃北大工学院的同班同学，第七届全国人大常委会委员，全国人大常委会法制工作委员会原副主任。

1943年，北大工学院第一个地下党支部成立，宋汝棻任支部书记，沈勃和黄仕琦①任委员。地下党支部对党员进行了党纲党章教育和气节教育，并按照中共晋察冀中央局城工部的指示：深入一切有群众的地方开展抗日工作，采取隐蔽活动方式，通过同乡、同学、亲戚、朋友以及各种各样的社会关系，同群众建立广泛联系。在党支部领导下，沈勃他们还积极参加办伙食团，组织同乡会、校友会等活动。沈勃发动并组织了跨校的黄县同乡会，多次当选为北大工学院伙食团委员。在日寇白色恐怖的统治下，地下党支部通过这些合法组织，同各方面群众建立联系，开展抗日统一战线工作，团结进步群众，发展党的力量。到抗战胜利时，北大工学院地下党员已发展到10人，同时在地下党周围团结了一大批进步群众。

沈勃北大工学院毕业照
（选自《北平解放 首都建设札记》）

---

① 黄仕琦，男，广东开平县人，汉族，生于1923年11月。1943年5月参加革命，同年加入中国共产党。战争时期，曾参加中华民族解放先锋队，担任中共地下党支部委员，平津区铁路管理局工务处设计课司事，北平军调部美方翻译。新中国成立后，曾任北大工学院土木系助教、讲师，两度赴朝鲜，在志愿军停战谈判代表团工作。回国后，在高教部工业教育司，高教出版社编辑室、研究室，高教部科技局等处任副科长、科长、研究员、编辑、处长、副局长、情报资料室主任。1986年5月离休。

1945年夏，沈勃毕业，被分配到北平铁路局工务段。同期，北大工学院校友会成立，沈勃被选为校友会主席。

1945年8月15日，日本投降。宋汝棻很激动地找到沈勃和黄仕琦，传达了组织研究决定印发《告北平青年书》，把抗战即将胜利的消息告诉北平人民的任务。《告北平青年书》的稿子已经准备好，只需要印刷发放。为了完成这个任务，宋汝棻、沈勃和黄仕琦仔细研究了工作方案，决定把学校生活指导部的油印设备拿出来，用完再送回去。宋汝棻和沈勃负责这项任务。

当天下午，宋汝棻和沈勃准备了一个口袋和两辆自行车，来到学校。因为是周日，学校人很少，二人进入教学楼。宋汝棻在外把风，沈勃推开生活指导部的窗子跳下去，找到了钢板和油印机，从窗口送出，由宋汝棻接应装袋。二人顺利取到油印设备，并奔赴黄仕琦家开始刻蜡油印。印完后，沈勃自己骑车将油印设备完璧归赵。

沈勃返回黄仕琦家吃了一口饭，就又和其他同志带着印好的《告北平青年书》分别沿街张贴，使北平广大市民及早得知抗战胜利的到来。

反"甄审"斗争

抗战刚刚胜利，1945年9月，国民政府教育部就颁布对收复区学生、毕业生甄别审查办法，诬称原沦陷区学生为"伪学生"，一律进行"甄审"考试，及格后方承认以往学历。所谓"甄审"，表面针对敌伪，实际用意是打击在原沦陷区活动的共产党及其影响下的进步青年。"甄审"办法令北平学生感受到莫大侮辱，愤慨不已。北平各大专院校几千名毕业生（校友）是直接受害者，面临失业威胁。北平地下党学委秘密成立党团（领导小组），宋汝棼任书记、沈勃和徐伟（北大法学院党支部书记）任委员，利用校友会这个公开合法的组织形式，出面发动群众，开展斗争。①

经过周密细致的工作，党团从北京大学开始，沈勃、徐伟、宋硕（宋硕是北大工学院毕业生，当时任该院助教）三人负责第一线工作。其中北大工学院地下党力量最强，沈勃原本就是北大工学院校友会主席，在校友中有一定影响，后经反"甄审"党团积极推动，在文、理、法、医、农五个学院也建立起校友会。校友们毕业后分散在各个单位，组织起来不容易。沈勃他们先是发动一批积极分子，采用个别串联方式，广泛联络校友，吸引他们参加各种活动。这些工作都只能下班以后去做。通过串联广大校友，北大六个学院的校友会联合起来，组成了北大校友联合会，沈勃被选为北大校友联合会会长。②

1945年10月，党团决定以北京大学和北平师范大学为基础，成立北大师大校友联合会（会员达2500人）。1946年3月，北平专科以上学校校友联合会成立。队伍像滚雪球一样越来越壮大，北平专科以上学校500余名毕业生全部组织了起来。沈勃任校友联合会会长。校友联合会先后召开4次反"甄审"大会，把运动一次次推向高潮。

毕业生开展反"甄审"运动不久，地下党学委就部署各大专院校地下党组织发动群众，响应这一斗争。毕业生和在校生虽然兵分两路，实际上是在地下党的统一领导下，协同作战。经过长达8个月的时间，

---

① 中共北京市委组织部.中国共产党北京历史［M］.北京：北京出版社，2019：85.

② 中国人民政治协商会议北京市委员会文史资料委员会.文史资料选编（第5辑）：北平地下党斗争史料专辑（上）［M］.北京：北京出版社，1979：34-49.

反"甄审"斗争迫使国民党步步退却，最终不了了之，但实际上是取消了"甄审"。[①]

中山公园音乐堂事件[②]

为了结束国民党反动派的法西斯独裁统治，1946年1月有中国共产党参加的政治协商会议决议规定于1946年5月5日召开国民大会。为了保证国民大会代表民主选举，决议明确规定必须修改过去由国民党炮制推行的限制和剥夺人民权利的所谓"公民宣誓"。

但是，国民党反动派为了控制即将召开的国民大会（以下简称"国大"），给他们的法西斯独裁统治盖上合法的印章，在蒋管区各地大搞一党包办的国大代表选举。当时有相当一部分人对国民党还抱有幻想，有些人对国民党搞伪选的阴谋实质还认识不清。北平地下党学生工作委员会（简称"学委"）分析了当时的形势，决定在北平市召开一次大规模的群众集会，以表达北平人民对国民党假民主的强烈反对。当时曾领导反"甄审"运动的校友联合会在知识青年中有很好的群众基础，因此学委决定以校友联合会为骨干，出面联合社会各界开展反对国大代表伪选的斗争。

经过同志们紧张繁忙的工作，短短十几天的时间，校友联合会的骨干们已经联系起40多个群众团体，登门访问了10位社会上层人士，连续召开了4次重要会议。

---

① 中共北京市委组织部.中国共产党北京历史［M］.北京：北京出版社，2019：85.

② 中国人民政治协商会议北京市委员会文史资料研究委员会.文史资料选编（第20辑）：北平地下党斗争史专辑（下）［M］.北京：北京出版社，1984：306–322.

1946年4月18日，"北平市国大代表选举协进会"（简称"协进会"）执委扩大会议举行，这也是第4次会议。会议宣布了新参加的会员团体，决定4月21日下午2时在中山公园音乐堂举行"国大代表选举问题讲演会"。沈勃、宋硕等4人代表"协进会"到国民党市府社会局办理了登记手续，又到国民党警察局递交了"请届时到场维持秩序"的呈文。

4月21日，午后1点多，一队队青年学生，热情地高唱着《义勇军进行曲》来到音乐堂。当年的中山公园音乐堂，除了舞台以外，会场全是露天的，座位是阶梯式的一排排长条木板凳子。会场四周没有围墙，只圈着一圈铁丝网。大会未开始前，会场四周高高的土台上出现了一些不三不四的人，有的戴着黑眼镜，有的贼眉鼠眼东张西望，有的窜来窜去交头接耳，气氛隐隐地紧张起来。原来，国民党市党部在"协进会"办理登记当天，就组织了有计划的破坏活动。

午后2点钟，会场坐满了听众，连四周空隙也挤满站立的人，到会共有5000多人。"起来！不愿做奴隶的人们！把我们的血肉，筑成我们新的长城！……"雄壮的歌声此起彼落，与会人员以热烈的掌声欢迎大会主席沈勃致开会词。当沈勃讲到"我们要求民主选举……"的时候，有人竟赤裸裸地狂叫："我们不要民主！"跟着还发出无耻的咒骂。沈勃没有被喧嚣压倒，他在扩音器前呼吁大家维持会场秩序，这个要求立即被热烈的掌声所接受。掌声未息，突然从会场两侧后边向主席台扔过来鸡蛋，跟着而来的是石子、砖块。有些打到了主席台上的人，有些打到了台前听众身上。沈勃沉着地致完了开会词后，陈瑾昆教授应邀演讲时，砖头纷纷向他打来，一块砖头打碎了他的眼镜，太阳穴近旁被打伤，当场流下了鲜血。有的特务跳上主席台，撕破会标，摔碎桌椅，有的手持铁器、木棒，猛砸通向后台的门，现场一片混乱。

中山公园音乐堂流血事件，立即在全市传开，广大市民和社会人士无比愤怒，强烈谴责特务的暴行。很快，消息传播到全国，延安《解放日报》、重庆《新华日报》、张家口《晋察冀日报》，以《较场口事件在北平重演》等标题刊登报道和社论，表示了强烈的抗议。

因为沈勃等人领导反"甄审"和音乐堂大会，引起国民党特务的注意，并准备对他们下毒手，党组织决定将沈勃、徐伟、宋硕迅速撤回解放区。1946年夏，沈勃三人坐火车到高碑店进入解放区，经易县步行到张家口，在晋察冀城工部很快见到了城工部部长刘仁同志，并被留在刘仁同志在西山坡的住处。

职青委工作

沈勃在解放区期间，接上级领导指示去东北开展地下工作。其间，为了隐蔽身份，转到营口，成立了一个党支部，做一些统战工作。1947年10月，沈勃以中长铁路局技术员身份为掩护回到沈阳，接替宋汝棼领导晋察冀系统在东北的地下党员。当时晋察冀系统转移到东北的地下党员共有20多人，经过整顿发展，到1948年组成了13个党支部（或小组），党员达到40多人，同时组建了党的外围组织"中国进步青年联盟"，后来发展到60多人。其间，党员和联盟发动群众进行了"反冬令营"（反对国民党强迫学生入冬令营集训）的斗争和"反迁校"（国民党感到沈阳守不住，决定将在沈阳的大专学校内迁）的斗争。

1948年5月，沈勃调回北平，开始着手筹组在学委领导下的职业青年工作委员会（以下简称"职青委"）。11月，沈勃任职青委书记。

1948年11月底，北平和平解放前夕，国民党特务垂死挣扎，极力破坏地下党组织，迫害进步人士。职青委决定某天下午在地下党员仇方域同志家开会，预定参加会议的有崔月犁、张彭、孙振洲、沈勃。临开会的早上，沈勃想到近期形势严峻，就给仇方域家打电话。

接电话的是一个声音陌生的男人："你找谁？"

沈勃说："找仇方域。"

陌生男人接着追问："你是谁？什么事？"

沈勃一听，感觉是特务蹲坑的口吻，就讲："我是他同学，没什么事，就是问候一下。"

沈勃说完挂断了电话，急忙用电话通知崔月犁后，骑车到张彭家，告诉他下午的会不开了，仇方域家可能出事了。接着，沈勃又骑车到孙振洲所在的同仁医院单身宿舍。刚进大门，就被孙振洲的同事张大夫（沈勃以前在孙振洲的房间认识了张大夫，他是一位进步人士）拉进他的房间，他着急说道："孙振洲被捕了！蹲坑的特务刚刚撤走。"沈勃了解了孙振洲被捕的详细情况后，急速离开同仁医院，并将情况报告给崔月犁同志。

新中国成立　从事建筑设计工作

1949年1月31日，北平解放了。沈勃被任命为第七区区长，在市委和军管会领导下，有步骤地进行了摧毁伪保甲制度、建立区街政权、清除垃圾、打击贩卖金银黑市活动、收缴私人枪支武器、处理散兵游勇、整顿摊贩、消灭鼠疫、组织生产等一系列工作。

1949年12月，沈勃调到北京市地政局任党组书记兼副局长，组织北京主干三角网的测量和水准网的测量，主持北京地区千分之一地形图的测绘工作，为北京城市规划和建设奠定基础。①

1952年4月，沈勃调到北京市建筑公司任副经理兼设计部经理，主管建筑设计工作。北京市建筑公司由永茂建筑公司改组而成。设计部进行了友谊医院（原名苏联红十字医院）、同仁医院、儿童医院等各项工程的设计工作。1952年下半年，北京市建筑公司决定将公司总部及下属施工部门和设计部门，搬到复兴门外南礼士路。虽然当时南礼士路属于郊区，人烟稀少，交通不便，但沈勃等人认为复兴门外将是距离市中心最近的重要建设区，这次搬迁有利于首都建筑事业的发展。为了建设好首都，大家一起克服了暂时的苦难。1952年公司设计工作总工程师有顾鹏程、张开济、张镈、朱兆雪、赵冬日等同志。1952年下半年，沈勃兼任北京市建筑专科学校副校长。（北京市建筑专科学校以北京市建筑公司的前身永茂建筑技术培训班为基础，于1951年8月开始扩建而成，位于南礼士路，学校分为大专部和中技部。1952年12月，北京市建筑专科学校中技部调出，另辟北京市西直门外二里沟校区，独立成立北京市土木建筑工程学校，即今天北京建筑大学西城校区。）

国庆“十大工程”

1956年，我国提前完成第一个五年计划，全国经济形势和人民生活水平越来越好。为了进一步充实建设经验，1958年7月，市委派出一个12人城建考察团去苏联考察，沈勃作为成员参加。在考察团回国向市委

---

① 《建筑创作》杂志社.建筑中国六十年：事件卷［M］.天津：天津大学出版社，2009：351-358.

书记郑天翔汇报时，市委书记告诉大家，为了庆祝新中国成立10周年，中央决定在北京建设一批重大工程，并要求这些工程在1959年国庆时投入使用。[①]1958年9月5日，北京市委书记处书记、副市长万里同志在市政府召开会议，传达了中央关于筹备庆祝新中国成立10周年的决定，要求在新中国成立10周年到来之前建好国庆"十大工程"。沈勃参加会议。

1958年沈勃在苏联考察城市建设（选自《北平解放　首都建设札记》）

为了广泛征求意见，领导们决定由北京市人民委员会和中国建筑学会联名邀请各省市著名建筑设计专家来京参加国庆工程设计工作。1958年9月7日，沈勃与中国建筑学会秘书长汪季琦商议，提出了邀请各地专家的名单，经万里同意后，由北京市人民委员会和中国建筑学会向上海、南京、广东等16个省市发出电报，组织全国著名建筑师来京进行方案设计。9月10日晚，在这些专家到齐后，冯佩之、沈勃立即向大家介绍情况，要求在5天内提出设计方案。9月15日设计

---

① 沈勃.北平解放　首都建设札记［M］.北京：北京市城市建设档案馆，2004：92.

方案如期完成，送到市委请领导审查。但大家认为这些方案设计思想

1958年沈勃参加国庆工程时的照片（选自《北平解放 首都建设札记》）

仍不够新，需要更广泛地发动群众进行创作。事后，北京市决定组成五人领导小组，沈勃作为领导小组成员之一，负责领导国庆工程的设计工作。①

1958年，国庆节前夕，其他国庆工程的设计方案已相继完成，但人民大会堂和革命历史博物馆的方案仍不能令人满意，大家心急如焚。10月6日下午，万里、沈勃到周总理办公室，向周总理汇报了市委关于建筑布局等方面的意见和一些拿不准的问题，请总理决定。在国庆工程几个主要工程的方案确定后，设计领导小组就组织力量制作了1：100的模型。彭真带领赵鹏飞和沈勃到中南海中央政治局会议室汇报，会议听取了沈勃对建筑尺寸、装修材料和外墙颜色等的介绍。

---

① 王争鸣.奇迹是怎样创造的：人民大会堂建设史话［M］.北京：中国书店，2001：16-18.

1959年沈勃陪同周总理视察人民大会堂工地（选自《北平解放　首都建设札记》）

　　在各项工程设计方案确定后，领导决定"十大工程"中的8个，即人民大会堂、革命历史博物馆、军事博物馆、民族文化宫、迎宾馆、工人体育场、民族饭店和华侨大厦由北京市建筑设计院承担技术设计和施工图设计。沈勃全程负责领导这8项工程的设计工作。短短10个月内，要边设计边施工，保质保量地完成这些规模巨大的工程任务，是很艰难的。沈勃在各位领导同志的亲切关怀和指导下，带领广大建筑科技人员和工人同志奋力拼搏，终于不负众望，如期优质地完成了以上任务。这也成为沈勃一生中经历的最艰

沈勃同原国庆工程办公室主任赵鹏飞的合影（选自《北平解放　首都建设札记》）

难也是最光荣的任务。

参与毛主席纪念堂建设

"文化大革命"期间，沈勃工作也屡遭变动。1970年9月，沈勃被派到北京建筑工程学校任"革委会"副主任。为了恢复教学工作，沈勃和军代表研究决定，在校内先办一个老工人学习班，招收市建筑公司的一些老师傅进行测量和识图等课程的培训。沈勃带头讲课，鼓励老师们聚焦教学，恢复教学。终于在大家的努力下，1971年暑假，北京建筑工程学校恢复招生。1972年10月，沈勃调回北京市规划局，并在市城市规划管理小组主持工作。

1991年沈勃在庆祝北京建筑工程学院建校55周年大会上讲话（选自《北平解放首都建设札记》）

1976年9月，毛主席逝世。中央决定建造纪念堂，保存毛主席遗体。一机部副部长孙友余和北京市建委主任赵鹏飞亲自挂帅，沈勃作为成员参与其中。设计组急速通知北京、上海、天津等8个省市派有声望的建筑师来京，参加毛主席纪念堂的选址和设计工作。在各位建筑师纷纷提出方案后，沈勃再做综合方案。在仔细研究了各个方案后，沈勃认为杨廷宝教授的方案是综合考虑了天安门广场的整体环境的，纪念堂应该是天安门广场的有机组成部分，建筑规模合理，与周围环境融为一体，才能经受住历史的考验。沈勃以杨廷宝教授的方案为基础，吸收其他方案的长处，结合使用上的实际需要，做了一个65米见方、两层建筑的平面方案。后经赵鹏飞同志同意，以及当时留京建筑师们进一步的修改，做了3个平面尺寸一样、立体造型略有差别的模型，报中央，最终选定了现在纪念堂的方案。

改革开放以后，沈勃同志继续从事建筑设计工作直至1988年离休。他在参与颐和园及其附近宾馆设计工作中，积极建言献策，为颐和园景观保护做出了贡献；他在北京市建委工作期间，负责了北京二环路、三环路的规划设计与施工，开创了首都交通新局面；他在北京市人大常委会工作期间，遏制了密云水库的旅

沈勃《不为俗屈》，选载于《中国美术家》

游和铁矿开发，保护了首都人民干净的水源；他提议建设高碑店污水

处理厂,改善北京城市环境,造福子孙后代。离休后,他仍关心北京城市建设,参与北京森林建设研究,除此之外,他孜孜不倦,以棋会友,开启了书画创作,举办了个人兰竹画展,出版了《沈勃画集》。沈勃将他的一生致力于革命事业和新中国城市建设,他的故事在北建大人心中镌刻了一道浓郁的红色印记。

本文根据沈勃的《北平解放 首都建设札记》改编而成。

张若萍：延安干部休养所的"张大嫂"

简介：张若萍（1913—1996），男，河北冀县人，1931年加入共产主义青年团。从1934年起，组织文化促进会，参加民众救国会等进步活动。1937年12月到陕甘宁边区安吴青训班学习，1938年4月先后在延安抗大第四期学习班和马列学院二班学习，并加入中国共产党。1939年年初任中央干部休养所所长，1942年在陕甘宁边区留守兵团政治部，历任组织干事、联政干部招待处政治协理员、秘书、组织科长等职，因工作成绩突出，被授予模范工作者奖。1948年春，随中央

张若萍（新中国成立以前）

警备团行军到西柏坡，然后又转到石家庄华北军政大学首长办公室，任政治秘书。1948年11月随叶剑英同志进驻北平近郊良乡、青龙桥，任北平市军管会秘书处副处长。1950年春任北京市政府交际处处长，9月调永茂建筑设计公司（北京建筑设计院前身）任监理、党总支书记。1953年1月后历任北京市土木建筑工程学校常务副校长、校长，北京市业余城市建设学院副院长，北京建筑工程学院常务副院长，北京建筑工程学校校长，北京建筑工程学院副院长、党委委员。1982年12月离

休。1996年1月12日逝世，去世后家属按照张若萍的遗愿，用其全部积蓄设立了奖学金资助优秀贫困学生。

张若萍（选自《张若萍老校长纪念册》）

　　张若萍，1952年受命组建北京市土木建筑工程学校，历任常务副校长、校长等职务。他的一生是革命的一生，在1937年抗日战争最困难的时候到了延安，参加革命工作，1938年加入中国共产党，从事革命工作40余年，把毕生精力献给了党和人民事业。他为新中国诞生和社会主义建设做出了积极贡献。特别是他受命建设北京市土木建筑工程学校，为学校从中等教育向高等教育建设与发展做出重要贡献，为北京市培养出大批建设和管理人才。

　　但翻阅历史资料，我们发现关于张若萍参加抗日战争和解放战争的记录很少。现存资料中仅有1939年张若萍任中央干部休养所所长时的一些侧面记录。虽然资料少，但是也能从那些只言片语中窥见张若萍勤劳友善、与人民群众紧密联系的革命作风。

这里是病人的战场 [①]

1913年，张若萍出生在河北冀县的农民家庭，家中有长辈行医，因此勉强凑钱完成了私塾开蒙，后改入新式完全小学毕业。受家中兄长的鼓励带动，张若萍十几岁便离家参加进步活动，接触了共产主义思想。军阀混战时期，他参加共青团革命工作，为此被捕入狱坐牢三年。在狱中，他坚持抗争，饱受摧残，严重损害了身体健康。后经党组织营救出狱后奔赴延安，与党组织建立联系。从此，在党的关怀教育下，坚定不移地跟党走，把党的事业作为自己毕生为之奋斗的伟大事业，对党忠贞不渝，无私奉献了一生。

来到延安，张若萍仿佛到了一个温暖的大家庭。他先到抗大学习，后因身体不好，得了严重的脚关节炎，走路一跛一跛的，挂着拐杖，只好到疗养所休养。1939年，年仅26岁的张若萍任中央干部休养所所长。他关心热爱同志，想方设法积极改善群众生活，在当时艰苦的环境中学会了用纺车纺线，为病号缝补浆洗，被同事亲切地称为"张大嫂"。

中央干部疗养所在延安北郊的一条小山沟里，一个名叫陈团峪的小村庄中，全村只有二三十户人家。在那里休养的，大都是重病号。其中有党和军队的干部，也有马列学院的教师、文工团的演员。有一天，疗养所来了一位病号，他就是高士其 [②]。高士其是奔赴延安的著名

---

① 吴铎，等．全日制十年制学校初中青少年修养下册（试用本）教学参考资料［M］北京：人民教育出版社，1981：130–134.

② 高士其（1905年11月1日—1988年12月19日），原名高仕锜，中国著名科普作家。

科学家、科普作家，在美国读博士学位时，因做实验受脑炎病毒感染，留下了严重的行动语言障碍后遗症，生活几乎不能自理。高士其到了中央干部疗养所，第一个认识的人就是所长——张若萍。

张若萍看高士其病成这个样子，马上请他搬进自己的窑洞，把朝南的一间让给了高士其住，悉心照顾他的生活。刚住下不久，张若萍就发现高士其的衣服有很多破损的地方。于是，他便主动将这些衣服拿过来缝补。张若萍飞快地穿针走线，动作是那么熟练，仿佛是一位大嫂在那里缝缝补补。不仅如此，张若萍还给高士其量体裁衣，亲手给他做了一套新衣服。这样，就连高士其也用不大清楚的话，喊张若萍为"张大嫂"了。

由于高士其病情加重，手不能弯曲，每顿饭只得靠炊事员或者张若萍喂。高士其的手颤抖得厉害，不能写字，就请张若萍代笔记录文稿。有一次，延安秧歌队到疗养所访问，为他们演出了精彩节目。高士其高兴地作起诗来，准备献给疗养所壁报。他花一下午时间，请张若萍代笔，总算写好了初稿。晚上，张若萍已经睡下，高士其忽然想起一句佳句，赶紧推醒张若萍，请他记下来。第二天，高士其把昨晚张若萍记下的诗句，补进了诗稿，又改了一遍。第三天，再改一遍。高士其一边改，一边问张若萍："我这样三番五次地修改，你嫌不嫌麻烦？"张若萍笑着说："不麻烦。鲁迅不是说过，文章写好以后，至少要改三遍吗？"说得高士其哈哈大笑起来。

张若萍和高士其等病号们在一起学习、谈心、相互鼓励、相互帮助，成立了一个互助组。[①]随着革命友谊不断加深，互助组还组建了一

---

① 冯抗胜.我们的父母［M］.北京：新星出版社，2007：39.

个"临时家庭"。张若萍虽说是男同志，但会补衣服，大家平常就叫他"张大嫂"，现在对高士其又照顾有加，大家开玩笑称他为高士其的"干老婆"。他们团结得像一家人一样，互相帮助，共同战胜病魔。1939年元旦那天，在张若萍的带领下，大家把疗养所饭厅布置一新，病友们高高兴兴地围坐在长桌旁，猜谜语，高唱救亡歌曲。

但疗养所也有个别病号因为病情一直未见好转，情绪不好。为了让疗养所的病号情绪好一些，张若萍准备在疗养所里挂几条标语。高士其作为一名文艺作家，词汇丰富。张若萍就向高士其请教："写什么标语好？"高士其说："就写'这里是病人的战场！'。"

"这里是病人的战场！"自从疗养院里挂起了这条标语，病号们更加有信心与疾病做斗争了。他们觉得，疗养就是战斗。养好身体是党交给自己的任务。只有战胜病魔，才能战胜敌人；只有在疗养所里打了胜仗，将来才能在战场上为人民立功。

张唯贞[①]回忆："新中国成立后，父亲带我一起去高士其家探望时，高士其兴高采烈，但说起话来呜呜咽咽。我一句都听不懂，而父亲却非常清楚知道他要表达的意思，两人对话甚欢。他们在延安结下了深厚的情谊，在父亲的影响下，高士其在延安加入了中国共产党。"

张若萍勤劳友善、与人民群众密切联系的革命作风，让我们感受到了一名革命工作者的魅力。每每回忆起延安的那段往事时，张若萍都十分感慨。以下是他在1983年所做诗文《忆延安》。

---

① 张唯贞，张若萍大女儿，清华大学退休教师。

忆延安

（1983年12月28日）

巍巍壮丽宝塔山，

整风运动忆延安。

实事求是传家宝，

党的光辉万万年。

自力更生建校园

1949年1月北平和平解放前夕，中共中央成立北平军事管制委员会，由叶剑英元帅担任军管会主任，对北平进行军事管制并接管北平。张若萍作为叶剑英元帅的秘书跟随叶帅来到北平军事管制委员会工作。

1952年，张若萍受命组建北京市土木建筑工程学校，1953年1月任常务副校长，主持学校日常工作，校长由北京市人民政府副秘书长李公侠兼任。

王光遐[①]在回忆录中提道：当时张若萍40岁左右，中等身材，瘦瘦的面孔，深深的眼窝，穿一件黄绿色旧军大衣。他讲话温和，强调了大家肩负着新中国的建设任务，勾勒了新校区的建设情况，但也提到了新校舍的困难，以及一期二期三期工程，提醒大家要有思想准备，克服困难，发扬延安抗大学员自己动手挖窑洞做教室的艰苦奋斗精

---

①　王光遐，原北京建筑工程学院测量教研室主任，张若萍奖学金发起人之一，首届张若萍奖学基金会委员。曾任北京建工集团总公司高级工程师、北京测绘学会常务理事兼副秘书长。

神，边学习边劳动建校。对生活中有困难的同学，张若萍号召同学间要发扬互助精神，对缺衣少被的同学，表示学校一定想办法解决，绝不能让一个同学受冻过冬。对个别刚由业务单位调来，但教学质量不理想的教师，以及新留校缺少工作方法的青年教师，张若萍鼓励他们要努力工作，学校组织教职工学习教育学，全面提高教学质量。最后，向全体师生提出三点要求：一是感谢建专（北京市建筑专科学校）为中专600名师生安排的学习生活环境；二是提醒师生天气渐冷，注意身体健康，同时学期过半，努力学习争取期末考出好成绩；三是要发挥南泥湾精神，自己动手准备向西郊搬家，艰苦奋斗建设好新学校。全体师生听后并无畏惧，起立鼓掌向张若萍致敬，并高唱《团结就是力量》。

1953年，张若萍（右二）在北京市土木建筑工程学校校务委员会上

1952年12月22日晚，张若萍宣布了12月29日迁往新校舍的决定。12月29日至31日，全校600名师生员工发扬"延安抗大"精神，自己动手，除床由汽车拉送外，课桌、课椅、行李、图书等都由师生徒步从复兴门外（原北京市建筑专科学校旧址，现北京市西城区南礼

士路62号）扛到西郊二里沟新校区（现在的展览馆路1号校址），当天就将新宿舍、新教室收拾得整齐干净，晚上已有同学在装有日光灯的教室里上晚自习。

1953年1月2日，学校在一片凌乱的施工工地中正式开课。开学前，学校只建成了第一教学楼（现为教4楼），第一、第二宿舍楼（现第一宿舍楼尚存，第二宿舍楼改建为学生综合服务楼），学生食堂（1958年改为校办厂，后建为现在的南家属塔楼），盥洗室（现建为学生宿舍6号楼）和北面的两栋平房家属宿舍（后建为北家属宿舍楼）。因为工期太紧，教学楼装了暖气，但没装上下水，学生只能在院中临时厕所方便；宿舍楼有上下水，但没装暖气，只好每间装一个有烟筒的煤球炉取暖；大食堂只能做饭，没有上下水和暖气；学生洗脸需要从菜地中的水井打水……天寒地冻，室内外仍紧张施工。张若萍亲自组织各班主任坚持每晚检查学生宿舍，防止煤气中毒，一直到1953年3月停止取暖为止，100多间师生宿舍安全无意外。按照张若萍自己的说法："这才使我安心睡觉了。"

在边建校边上课的特殊情况下，张若萍鼓励师生力排干扰，集中精力准备期末考试。经过师生的共同努力，13个班每个班平均成绩均在82分以上，没有不及格的科目。

1953年的西直门外二里沟是一片郊区农田与乱坟岗。学校教室室外设计标高49.2米，与同期在建的苏联展览馆（现为北京展览馆）相同，自然地面从 –2 米到 +4 米，学校西北角有一个3万方土台需要挖掉。从东北角到西南方向有一条5米宽、3米深、400米长的大沟（地名"二里沟"的由来）需要填平。第一教学楼与第一、第二宿舍楼之间需要1.5万方土才能填到设计室外地坪高度。

张若萍和学校教师合影（第一排左五）

1953年寒假开学后，张若萍动员全校学生自己动手改变校园乱坟岗面貌。他安排每天下午两节课后用小车推、用土篮提，大家干得热火朝天。正在此时，莫斯科传来斯大林病逝的消息。张若萍号召全校师生化悲痛为力量，一方面加快劳动进度，另一方面掀起学习联共党史以及列宁、斯大林著作的高潮，做到劳动建校与思想提高双丰收。

在张若萍的主持下，全校师生齐心协力、共同努力，学校于1953年五一国际劳动节前完成了新校区楼间场地的土方平整工作。五四青年节，全校师生在平整好的场地上召开大会，张若萍宣布第一期建校工程基本完成，第二期工程即将开始。

师生共建校园过程中最经典的工程是教学9号楼（现教学1号楼）的建设。该教学楼由学校建筑工程系臧尔忠、张兆栩、高履泰三位教授主持设计，于1958年7月18日正式开工。开工后，地基开挖之初，正值雨季，突发的挖槽塌方让师生们经受了一次艰巨的考验。经过慎重商讨后，师生们决定进行基础加固，为此学校追加了5.6万元的工程建设款。挑砖、测绘、弹线、排砖……师生一起上手，共建校园。老师在实践中传授工程之道，学生在实践中感受劳动的乐趣，师生关系其乐融融。为了保障共建教学楼的顺利进行，学校各部门积极做好后勤保障服务：财务处老师提供上门服务，将学生的助学金送到施工现场；办公室老师为施工现场的师生端茶送水……一幕幕动人的画面在那一刻上演。求真务实是学校的办学根本，考虑到建设一个五层建筑，和施工单位相比，学校自身在施工技术、设备、人员等方面还是存在质的差距。为了保证工程质量，学校决定在师生完成基础加固和一层建设工程后，将二层至五层的建设工程转交给市五建公司。工完料尽、质量第一是学校精于设计、精于施工的教学追求。在全体师生和市五建公司的共同努力下，1960年年初教学9号楼工程竣工并获得全优工号。工程的奠基石上刻有张若萍老校长题写的"北京市土木建筑工程学校勤工俭学自建教学大楼公元一九五八年七月十八日兴建"，至今仍嵌在教学楼东北墙面上。

教学1号楼

张若萍校长题写奠基石并
镶嵌在教1楼基座上

张若萍与范尚志教授合影（选自《张若萍老校长纪念册》）

经过10多年的努力，张若萍带领全校师生在西直门外二里沟这片沟壑纵横荒芜的土地上，逐步建起约45000平方米的学校建筑，完善了师资和实验设备，满足了一个较好水平中专学校的教学需要，为开办大学奠定了基础。在他的主持下，截至1954年，学校完成了学习苏联的教学改革，建立健全了各级组织机构，完善了管理体制，学校走向了正规化。学校在全国建筑类中专学校中名列前茅。

1956年，为了适应北京市建设单位人才培养需要，创办了北京市业余城市建设学院，张若萍兼任副院长，

张若萍1988年题写的"百年大计 教育为本"

院长由北京市建设局长王明之兼任。

1958年9月学校升格为北京建筑工程学院，设置大学部、中专部，开始招收大学本科生，张若萍任副院长，院长由北京市建委主任赵鹏飞兼任，学校发展成大、中、日、业并举的高等院校。

张若萍一心奉献，从不在个人待遇上向组织提要求，学校不止一次考虑到他的级别应享受更好的住房条件，提出给他扩大住房面积，他都坚决拒绝了。[①]张若萍说："教师的住房这么紧张，我不能占用更多的资源了。"

张唯贞回忆："父亲从来没有银行存款。母亲去世时，把组织补发给母亲的钱全部交了党费。父亲因身体多病，需长期聘请保姆照顾。特别是晚年中风卧床，家里请了两个保姆照看，父亲每月的工资就基本已经所剩无几了。"

1996年，·张若萍去世。去世后，家属按照张若萍校长的遗愿，将全部积蓄（1万元）捐给学校，用以资助品学兼优而生活困难的学生。后经臧尔忠、纪民、张汝楫、王镇西、刘孝廉、王光遐、尹福芬、张泽生8人发起，36位老师、校友联名倡议，在学校建立"张若萍奖学金"。在张若萍校长精神的影响下，很多教职员工及毕业生陆续参加捐赠，[②]基金数额从1996年2万余元增加到2006年的15万余元。

获得张若萍奖学金资助的同学已经走上了工作岗位，他们牢记着

---

① 2023年6月采访张唯贞时记录。

② 张若萍奖学基金会章程规定：每学年使用基金利息支付奖学金，奖学金金额为600元/人/学年。

张若萍老校长的爱校精神,[①] 他们说:"奖金虽然不多,却给予我们莫大支持,我们要将张若萍老校长和老师们给予我们的鼓励化为力量,不断取得新的进步。"

张若萍从教30余年,他留下了对学校的热爱,留下了对学生的关怀,更留下了对教育事业的坚定支持。他的这种"爱校精神"深深地扎根在北京建筑大学的沃土上,代代相传,培育出大量优秀人才。

缅怀张若萍校长

时光荏苒忆联翩,倏忽升遐已十年。

校长音容仍宛在,我师风范即如前。

当初奋起尚华年,救国图存投塞边。

圣地延安经锻炼,誉称模范每争先。

远征西柏尽颠连,进驻北平频斡旋。

竭力奉身迎解放,倾心建国谱新篇。

百废俱兴土木先,熏陶冶铸育青年。

京门建筑施工业,多系我师亲授传。

开支节约每分钱,国有资财慎去搴。

一阵狂风门牖碎,严词训示傲生员。

方针路线大如天,教学教师尤注专。

简政精兵抓质量,关怀疾苦意绵牵。

---

① 北京建工学院学生工作办公室.让张若萍奖学金发展扩大 让张老校长精神代代相传:张若萍老校长纪念册[M].内部刊物,2006:31.

离休自学志心坚，笔记阗阗振旅篇。

遗愿倾囊皆捐赠，基金奖掖好生员。

教育批评如玉泉，谆谆嘱咐记心田。

丢遗锁钥不曾再，受益终生无复愆。

德高望重我师贤，尽瘁鞠躬六十年。

桃李芬芳传美誉，有人后继慰长眠。

张汝亮[1]

2006年2月8日

---

[1]　张汝亮，原北京建筑工程学院财务处处长，1960年获北京市先进工作者称号。

周立人：民兵团抗日

简介：周立人（1921—2013），男，1921年9月出生，籍贯河南清丰县。1938年2月参加革命工作，1938年12月加入中国共产党。历任冀鲁豫救国会民先干事、冀南军区武装部队教导队政委、冀南分区政治部随军记者、冀鲁豫武委会宣教科科长等职。解放战争期间任冀豫民兵团支前政委、土改工作团宣传委员、平原省委《平原日报》编辑、党校秘书等。1953年6月以后任北京市委建筑党委常委、宣传部部长，北京市五建公司党委副书记。1960年9月任北京建筑工程学院党委副书记。1961年（学校恢复中专后）至1969年任北京建筑工程学校

周立人

党委书记。1970年10月任北京市政设计院党委书记。1979年4月任北京建筑工程学院党委副书记。1983年离休。

周立人，1961年至1970年任北京建筑工程学校党委书记，1979年4月至1983年任北京建筑工程学院党委副书记。[1]他青少年就立下了抗日救国之志，参加抗日救国会。新中国成立后，在北京城建领域贡献力量。1961年来到北京建筑工程学校后，推行半工半学制度，延续学校理论联系实际、注重工程实践的优良办学传统，开展实践探索，为改革开放后学校发展奠定基础。

童年抗日

1931年9月18日，日本驻中国东北地区的关东军突然袭击沈阳，以武力侵占东北。日本对东三省的大规模侵略强烈震动了中国社会。一个群众性的抗日救亡运动很快在全国许多城市和村镇兴起。当年冬天，周立人读小学，他听老师讲："日本帝国主义侵占了我国东北三省，从此我国地图就像秋海棠叶残缺一块，变成了一片残叶，东三省人民在日寇的压迫下过着痛苦的生活。我们的国家为什么会被日本侵占呢？这是因为我们的政府腐败，军阀混战，国弱民穷，加之蒋介石不抗日打内战，为了不当亡国奴，我们要反蒋抗日，国家兴亡，匹夫有责。"老师对抗日的讲解，让周立人心生波澜，"反蒋抗日"的决心成为他奋斗的目标。

"九一八事变"后，日本侵略者占领了我国东三省，并准备随时向关内进犯。1935年，周立人在县城读高小。学校号召同学们支持十九路军抗日，支持马占山绥远抗日。周立人和同学们一起走上街头摇旗

---

[1] 中共北京市委教育工作委员会. 亲历抗战：北京教育界老同志抗战回忆录［M］. 北京：中国广播电视出版社，2005：79–81.

呐喊："打倒日本帝国主义！日本帝国主义从我国东三省滚出去！"同时号召群众抵制日货。

1936年10月，鲁迅逝世，周立人就读师范学校。教导主任平杰三老师在悼念鲁迅逝世大会上讲话时说道："鲁迅是文学泰斗，是爱国主义者，是抗日的革命家，是我们永远学习的榜样。""周佛海在冀东成立了伪政权，为日本人效力，他是大汉奸！是民族的败类，是我们共同的敌人。"平老师的讲话被周立人牢牢记在心里。他下定决心也要像鲁迅一样热爱我们的国家，参加抗日队伍。

1938年，经党的地方组织领导人介绍，周立人参加了共产党举办的抗日学习班，学习抗日统一战线的理论和抗日游击战的战术战法，并进行演习。在此期间，经共产党员晁荣光介绍，周立人参加了"抗日民族解放先锋队"（简称"民先"）。从此，周立人走上了抗日救国的道路。

民兵团抗日

1943年夏，冀南抗日革命根据地，天遇大旱，蝗虫遍野，粮食颗粒无收。日本帝国主义到处烧杀抢掠，民不聊生，根据地人民生活十分困苦。为了减轻群众负担，奉上级命令，冀南军区与冀鲁豫军区合并。为了保存冀南军区民兵骨干，成立了民兵骨干大队，周立人被调任为民兵骨干大队政委。民兵骨干大队随部队行军到达河北辛集一带。

马上过冬，为了解决民兵骨干的冬衣问题，上级命令民兵骨干大队运粮到临区集镇更换棉衣。周立人带领30多个民兵干部，借用老百姓单轴小车5辆，每辆车装载500余斤粮食通过敌占区。距离敌碉堡较近时，或停车往小车轴上加油快速通过，或大家把粮食扛上背着走。

离敌炮楼较远时，再把粮食放在车上，用这样的办法防止小车行走时"吱吱呀呀"的响声惊动炮楼里的敌人。周立人等用这样的方法跑了两三趟用粮食换回了棉衣，解决了民兵干部的冬衣问题。

1944年3月间，日本鬼子出城"扫荡"，抢粮食。周立人和民兵们穿着便衣，混在逃难的老百姓人群中。由于周立人有眼疾，加上跑得太久，已显疲惫。但这个时候敌人追赶在后，距离周立人仅有约500米。战友们在危急时刻喊道："快跑！敌人追上来了！"敌人误以为周立人等也是老百姓，并未继续追赶。周立人他们躲过一劫。

1945年8月，日本帝国主义宣布无条件投降。周立人和战友们兴高采烈，异常兴奋。周立人所在部队向顽固敌人发起了摧枯拉朽式的进攻，拔钉子，攻碉堡。部队所到之处敌人纷纷举手投降。周立人和战友们抓到不少俘虏，缴获大量战利品，除枪支弹药等武器外，周立人他们将战利品都分给了当地老百姓。群众高兴地杀猪宰羊慰问部队打了大胜仗，他们舞起了狮子、踩起了高跷，推起了小车，扭起了秧歌，满怀激情地庆祝胜利，迎接新生活。

但是，国民党蒋介石的炮声打破了人民想过和平生活的美梦。他们大举进攻解放区、妄图以武力夺取人民用鲜血和生命换来的胜利果实。中国共产党为了保卫胜利果实，与国民党军队展开殊死战斗。周立人和战友们认真学习人民解放军的军事战略战术，为了战胜在武器、装备、人数上均超过我军的敌人，进行大踏步前进和大踏步后退，牵着敌人鼻子走，在行进中拖瘦、拖垮敌人，使敌人士气低落，最后消灭敌人。利用这样的战术，他们在曹州一带给敌人以沉重打击，保卫了人民抗战胜利的果实。

推行半工半读教育制度

新中国成立后，周立人在北京城建领域工作。1961年1月至1970年8月，周立人任北京建筑工程学校党委书记。他在任职期间，坚持党的领导，积极探索多种形式的半工半读教学模式，培养既从事体力劳动又从事脑力劳动的新型劳动者，为学校培养实践型建设人才积蓄力量。

1964年5月，中央工作会议提出，要实行全日制和半工半读的劳动制度和学校教育制度。1965年，北京建筑工程学校在一、二年级学生中推行半工半读制度，以建248、249两班为试点，周立人亲自在北京东郊电机厂进行半工半读试点。办学形式以厂校合办为主，自办工厂为辅，设置多个劳动基地，学制为4年。在劳动技能方面要求一个工种方面达到二三级工水平；在业务知识方面要求达到中专水平；学习和劳动时间基本各占一半，具体安排根据生产、教学、学生年龄特征、劳动基地离校远近等特点来定，一、二年级劳动安排得少些，三、四年级劳动安排得多些。一年级在校内工厂劳动，以训练基本功为主，参加顶班劳动，打好基础，二、三、四年级到校外工厂参加劳动。

1965年，学校工业与民用建筑、给水与排水、道路与桥梁、建筑与建筑机械4个专业开始实行半工半读学制。在学生的毕业设计中进一步加大生产实践的分量，由过去的假题真做改为结合工程实际进行真刀真枪的设计。工民建专业结合学校宿舍楼工程进行毕业设计。1963年，财会班教学楼（现为西城校区办公楼）施工建设，工期4个月，由本校自行设计，外墙加砖垛，评为优良工程。1976年唐山大地震波及北京，学校各处房屋受损，唯独此楼未受震害。1965年学校师生完成学校体育场东侧实验楼（现为科研楼）的建设和教学4、5号楼的设计工作。

　　周立人带领学校坚持正确的办学方向，传承了自力更生、艰苦创业的革命精神，延续了学校理论联系实际、注重工程实践的办学传统，为改革开放以后学校的发展奠定了基础。

赵冬日：为首都造型的设计大师

简介：赵冬日（1914—2005），男，奉天（今辽宁）彰武人。1941年毕业于日本东京早稻田大学建筑系。1952年任北京市建筑专科学校副校长。首批全国工程勘察设计大师（1990）。历任北京市建设局副处长，市建筑设计院总工程师，市城市规划管理局总工程师，市建筑设计院总建筑师、高级建筑师，中国建筑学会第三、第五届理事。设计代表作有中国伊斯兰教经学院、政协礼堂等工程及人民大会堂方案、天安门广场规划等。1959年获全国劳动模范称号。他敢于突破，

赵冬日

勇于创新，人民大会堂的方案创作，展现了他的才华、胆识、气魄和造诣。天安门广场的规划方案乃是新中国成立后首屈一指的城市设计杰作，在这个宏伟、壮观的构想中，有他的智慧、心血、汗水。他是新中国首都北京"朱赵方案"设计者之一，他和朱兆雪提出的以天安门为中心的首都规划方案，得到中央的肯定和采纳，构成了当今北京城市规划的基本框架。历时几十载，他对北京的城市规划建设始终在探索、思考，所提出的北京市东西轴线的规划设想，充分体现了他将

"历史和现代融二为一"的思想。

漫步在天安门广场，西侧是人民大会堂，那一排排廊柱，那枚国徽，使人感到气氛的庄严肃穆。[①] 当年曾有许多人参加了天安门广场改建和人民大会堂的兴建工程，在这支干得热火朝天的建设大军中就有他的身影：天安门广场的主要规划者、人民大会堂的建筑方案设计者——赵冬日。

令后辈折服的建筑师

1916年，赵冬日出生于彰武县彰武镇吉岗子村。1929年，赵冬日在沈阳第二工科学校读中学的时候，阅读了诸多文学名著，同时研究绘画和古典建筑。他对文学艺术和建筑艺术的结合产生了特殊的兴趣。

1930年，赵冬日求学到北京。面对京城里雄伟壮观的紫禁城、秀丽典雅的皇家园林及诸多的名胜古迹，内心对建筑艺术的向往更加炽烈。1934年赵冬日东渡日本，3年的预科班毕业后，他升入日本早稻田大学本科部，主修建筑专业。

新中国成立后，赵冬日先后到北京市工业局、北京建筑专科学校任职。1954年兼任北京市建筑设计院总工程师。而后，他调入北京市规划管理局技术室任主任，主管北京市城市总体规划工作。他不仅参与了北京城市总体规划研究及编制工作，同时也进行了一些典型项目的设计，如中央直属机关礼堂、全国政协礼堂、北京市委大楼等。

赵冬日是国内第一批建筑设计大师，他以特有的大家风范为中国

---

① 郑风.赵冬日：为首都造型的设计大师［N］.北京工人报，2000-07-24.

建筑及首都建设留下了一系列颇为壮观的精神财富。在赵冬日85周岁生日前夕，北京市建筑设计研究院为他编辑出版了纪念专辑《建筑设计大师赵冬日作品选》。序言中有一段对赵冬日的描述极为贴切："几十年来，赵总工作在共和国经济发展的时代，耕耘在城市建设规模、数量之最的首都，他的才华得以施展，他的规划和创作得以实施。全国人民热爱、全世界人民关注的天安门广场、人民大会堂等的规划设计，都包含了赵总的远见和智慧。赵总没有辜负时代和地域赋予他的使命，他以自己的睿智，借鉴亦创新，不断地求索，使学术思想得到了升华，造就了他的作品出手不凡，留芳于世。"

2005年4月3日，赵冬日辞世，享年91岁。

受命构思天安门广场

1958年8月，在中共中央北戴河会议期间，议定为庆贺新中国成立10周年盛典规划天安门广场，在北京兴建一些时代纪念碑式的建筑。

天安门前原来是个丁字形的封闭广场，明、清两代，戒备森严的广场被形象地称为"天街"，普通百姓很难涉足其间。辛亥革命后，天安门广场由封闭型变成了开放型。

新中国成立之初，天安门广场又经历了几次微调，天安门广场的丁字形轮廓变得越来越模糊。可是，新广场究竟该建成什么样子，谁心里都没数。当时，赵冬日所在的北京市规划管理局负责所有国庆10周年工程方案的审核和汇总工作。对天安门广场的规划设计，赵冬日是这样构思的：天安门广场是首都的中心，位于城市纵横轴线的交叉点上，周围是高大、庄重的建筑，其间是辽阔平坦的场地，上面是一望无际的蓝天，这一切构成广场雄伟的气魄。广场采取对称的布局，天安门和正阳门位置在中轴线上，纪念碑正立面在广场的中央，树木、灯柱的布局也是对称的。这些都使广场显得既严整、朴素，又具有活泼的气质。

此时，经过中央和北京市领导的讨论，天安门广场的大致轮廓已经确定了：广场南北长800米、东西宽500米，正好符合黄金分割率。500米×800米，相当于4个半莫斯科红场。在如此巨大的空间内做设计，整个世界建筑史上根本无章可循。

广场上新旧建筑的关系是赵冬日必须重视、考虑的。因为广场的规模较大，新旧建筑的间距能够拉大到现在的200米以上，有了这么个距离，便使人有了观赏旧建筑的余地；而且，新建筑离得较远，也有效地保存了旧建筑的地位。在建筑手法上，新建筑广泛地吸收了平顶、挑檐、围廊、重台的处理手法，这是中国传统建筑艺术的发展，和旧建筑有内在的联系，因而有种完美和谐的效果。从色彩上讲，新建筑色彩以亮色为主，黄绿相间的琉璃檐头，淡橘黄色的墙面和微红色的台基，这些愉快、明朗的色调，和旧有的黄瓦、红墙、白玉栏杆的天安门取得既调和又对比的效果。对于旧建筑某些落后因素的摒弃，也是赵冬日所追求的。新建筑的平顶大大减轻了中国旧建筑庞大的屋顶给人带来的压抑感、沉重感。新建筑中平直微翘的屋檐和20多米高挺拔秀丽的廊柱为广阔开朗的广场增添了奔腾豪迈的气势。

主持设计人民大会堂

1958年9月初，国内30多位建筑界顶级专家先后收到一份内容几乎相同的加急召集文件，文件发自北京市政府。文件要求：名单所列人员迅速赶到北京。30多位专家星夜赶路，到京后才知道，他们此行的目的，是用最短的时间设计一座属于人民的大会堂。

参与大会堂设计的建筑师们发挥了无穷的创意，从初稿到定稿，大会堂的设计方案足足进行了7轮评比论证。叫大家来的时候只说做一个万人大礼堂，第二轮就加入了5000人的大宴会厅，第三轮时全国人大常委会办公楼也加了进来。最令人头疼的是，大会堂的功能被不断扩充，建筑面积却不能相应增加。在布置设计时，要求大会堂的总建筑面积不得超出7万平方米。

大家希望突破7万平方米的限制，但一直未被正式批准。就这样，大师们的方案纷纷落选。

10月14日，一个普通而非凡的日子，这一天对赵冬日是终生难忘的。周总理刚从外地返京，便不顾劳累，连夜召开会议，并接见了赵冬日。赵冬日代表北京市规划管理局向周总理汇报说："人民大会堂是党和国家的政治活动场所，它应当在满足使用功能的前提下，显示出新中国的精神与风貌，表现出雄伟与开朗的气魄，体现中华民族悠久的历史和灿烂的文化。其建筑方案既要有中国的传统特色，又要学习外国有益的经验。我认为廊柱方案，应具有雄伟挺拔的特点，它巨大的建筑檐部，线条平直微翘，造型简洁而又有起伏，采用平屋顶大大减轻中国古建筑庞大屋顶的压抑沉重的感觉；对称的布局，连续高耸的柱廊，秀丽的民族花饰，能与开阔的广场协调起来。"

周总理双手交叉放在胸前，聚精会神地听着汇报，频频点头，表示赞许。赵冬日主持设计的人民大会堂由万人大会场、5000人宴会大厅和全国人大常委会办公楼三大部分组成，气势非凡。在大会堂的中心安排了宽敞的中央大厅，既可作为休息大厅使用，还能举行纪念活动。宴会厅由一层升至二层。

　　赵冬日主持设计的方案最终从全国185份方案中脱颖而出，一举夺魁。大会堂设计方案的确定使得天安门广场的规划顺利完成：天安门广场内西边安排人民大会堂，革命、历史博物馆则合二为一，放在广场东边，正符合中国传统的"左祖右社"的布局。两座建筑均采用柱廊结构，形成"廊"一实一虚，"柱"一圆一方的对比关系。它们连同后来建造的毛主席纪念堂，共同烘托起了天安门广场壮丽威严的宏大气势。

　　1959年9月10日，人民大会堂落成，周总理给予充分肯定。他指出，它的精美程度，不但远远超过我国原有同类建筑的水平，在世界上也是属于第一流的。

　　天安门广场的规划，人民大会堂建筑方案设计，也许对一个建筑师而言，有这两项成就足以夸耀一辈子了，但赵冬日在他一生中成就远不止于此，他主持和与人合作完成的主要作品有全国政协礼堂、中共中央礼堂、中共北京市委办公楼、社会主义学院、北京伊斯兰教经学院、北京同仁医院、北京友谊医院、实验大学、中国商业友谊服务大厦及板式住宅、十字形塔楼住宅、H形塔楼住宅、北京景区规划、北京城区详细规划、北京东西主轴线规划、北京金融街规划等。他的一生追求真理、热爱祖国，他把毕生精力奉献给了国家建设事业，创作了一批杰作，在建筑界享有很高声誉，为北建大人亮起一盏明亮的理想之灯。

　　本文根据李丹撰写的《赵冬日：人民大会堂的主持设计者》改编而成。

赵鹏飞：新中国首都城乡建设的领导人

简介：[1] 赵鹏飞（1920—2005），男，满族，河北易县人。1938年5月参加八路军工作团。1939年3月加入中国共产党，任易县大良岗区区长，定兴县、龙华县县长。解放战争期间，任冀察行署实业科科长，察哈尔省政府实业厅副厅长，冀热察行署农林厅、实业厅厅长。新中国成立前夕，任北平市建设局副局长，直接参与了修整天安门广场、升国旗工程，为开国大典顺利进行做了大量卓有成效的工作。新中国成立后，历任北京市公营企业公司经理、北京市财经委员会副主任、

赵鹏飞（选自《雪泥鸿爪话当年》）

彭真同志办公室主任兼任全国人大常委会办公厅副主任。1958年8月至1961年1月，兼任北京建筑工程学院院长。1958年10月任北京市城建委主任。1960年6月任北京市副市长。[2]1963年1月任国家房产管理局局长，后又兼任国务院副秘书长、第一副秘书长。"文化大革命"期间受到冲击。1973年3月后历任北京市"革委会"工交城建组副组长、市

---

① 汲传排.赵鹏飞同志遗体送别仪式举行［N］.北京日报，2005-02-07（1）.

② 新华社.赵鹏飞同志逝世［N］.人民日报，2005-02-08（4）.

建委主任、中共北京市委常委。1978年后历任北京市委书记、市政协主席、北京市第一副市长，北京市第八、第九届人大常委会主任。1996年12月离休。

赵鹏飞——新中国首都城市的建设者。新中国成立前，他积极从事革命活动，在抗日战争、解放战争、开国大典中做出了积极的贡献；新中国成立后，他先后参与完成了人民大会堂、革命历史博物馆等国庆"十大工程"项目的施工建设工作，为首都城市建设做出了不可磨灭的贡献。1958年国庆"十大工程"建设时期也是赵鹏飞兼任北京建筑工程学院院长时期，他既见证了学校的跨越式发展，是学校事业发展道路上的重要见证者，更是首都城市建设与发展的开创者、建设者。他的一生是革命的一生，无论是革命战争年代，还是在社会主义建设时期，他都始终保持一名普通共产党员的本色，带领人民创造了新中国首都城市建设领域一个又一个奇迹。

走上革命道路

1920年2月1日，赵鹏飞出生在河北省易县里仁庄村。早年在河北省立第八中学读书，后以优异成绩考入河北保定育德中学，在进步教师的影响下，自发参加抗日行动，组织平津唐保地区的学生，成立战地救国服务团，深入农村进行调查研究，进一步深化了对抗日战争和中国革命的认识。1938年5月他参加了八路军工作团，从此走上了革命道路。

1936年赵鹏飞（前排右三）在保定育德中学时期合影（选自《雪泥鸿爪话当年》）

1938年5月，赵鹏飞到河北易县县佐公署工作，任民众教育馆馆长，主办《战鼓报》，积极宣传马克思列宁主义和抗日救国思想。1939年3月加入中国共产党，任易县大良岗区区长，积极组织征收救国公粮，参加了杨成武主力部队歼灭日军的大龙华战役，发动群众侦察敌情，保证后勤供应，为战役取得胜利做出了重要贡献。后受党组织委派，先后到敌占区任定兴县、龙华县县长，易县专署专员，与其他同志一道，认真分析敌占区情况，以军事斗争为中心，成立武工队，扩军征兵，广泛持久地开展敌后游击战，粉碎了敌人的"蚕食"、封锁阴谋，保卫和扩大了抗日根据地。

1945年10月，解放战争时期，赵鹏飞任冀察行署实业科科长。1946年11月先后任冀热察行署农林厅、实业厅厅长。在新开辟的解放区，他认真落实减租减息政策，改善雇工生活，提高了广大雇工生产积极性，巩固了农村团结。在推动土改政策变革的同时，积极倡导大生产运动，推广农业合作社，在群众中开展互助合作生产，大大提高了农业生产力，为保卫、巩固解放区和支援前线发挥了积极作用。

让第一面五星红旗冉冉升起 [①②]

赵鹏飞的革命道路与生产生活紧密相关。新中国成立前夕，赵鹏飞担任北平市建设局副局长、天安门修整工程总指挥，直接参与了修整天安门广场、升国旗工程，为开国大典顺利进行做了大量卓有成效的工作。

开国大典前夕，修建国旗杆成为整修天安门广场工程中的重点任务。1949年8月9日至14日，第一届北平市各界代表会议做出了迎开国庆典、整修天安门广场的决议。市人民政府责成建设局拿出修整天安门工程计划，时任北平市建设局副局长的赵鹏飞任总指挥。整修工程具体任务之一是在天安门广场北段，天安门城楼与正阳门之间的中轴线上修建国旗杆。

修建国旗杆是修建天安门广场整个工程中的重点任务，也是一项极为重要的政治任务，因为开国大典时，毛主席要亲手升起新中国第一面五星红旗。

赵鹏飞深感责任重大，他经过周密布置后决定：将旗杆底座、汉白玉栏板等建筑设计交由建设局钟汉雄负责；旗杆的结构设计由建设局技术负责人，天安门广场修整工程设计、施工负责人林治远完成。

当时要求旗杆的高度应与天安门城楼同高。林治远经实地测量，得出数据为35米高。但新中国成立初期，百废待兴，要找到适合做旗

---

① 王运锋，马振行.开国大典：缔造卷［M］.通辽：内蒙古少年儿童出版社，2003：113.

② 何虎生.告别西柏坡走进中南海的中共领袖［M］.北京：中共党史出版社，2006：480-482.

杆的材料都相当困难。经实地调研，最终决定用4根直径不同的自来水管，一节一节套起来焊接，高度调整为22.5米。

开工后，国庆筹备小组领导来现场检查工作时提出：升旗要自动的，请毛主席在天安门城楼上亲自升旗就更好了，更有政治意义！这个意见立即付诸实施。赵鹏飞亲自部署研究自动升旗方案。这项艰巨的任务很快也完成了。一个月后，旗杆底座、汉白玉栏杆制作工程完毕，国旗杆也竖了起来。为了毛主席能在天安门城楼上操纵升旗开关，林治远设计从旗杆下引出一条导线，将导线通过修东西长安街道路工程埋设的钢管横穿过长安街，跨越金水河，然后顺着天安门城楼东南角上升至城楼当中，与天安门城楼上安装的开关连接。又经过反反复复试验，当确认自动升降设施运行情况正常、没有问题时，才于9月下旬拆除了旗杆周围的脚手架。

1949年9月30日晚间，为了保证第二天的升旗仪式万无一失，大家决定再做最后一次试验。但万万没想到，一直运行正常的升降开关，在这关键时刻出了故障。

他们以一面红布代旗，安装好后，按动升降开关按钮，这块红布徐徐地向上升起，但红布升到旗杆顶部后，马达却没有停止运行，把这块大红布绞到旗杆顶的滑轮里，马达不能转动，旗子也退不下来。此时，安装旗杆的脚手架已全部拆除。

大家心急如焚，赵鹏飞闻讯马上赶到现场。看完现场，弄清故障原因后，赵鹏飞迅速与消防队联系，请消防队火速增员。消防队运来了云梯，升起后仍差几米够不到旗杆顶，大家更加焦急。

由于工作关系，赵鹏飞经常与北京建筑方面的能工巧匠们打交道。既然消防队解决不了这个困难，就往别的行当想辙。他的脑子里挨着排地搜索着能攀缘上高的特殊行业，突然电石火花一般，他想到了一个行当——棚彩工。

棚彩工的活可谓北京一绝，他们能够用杉篙、竹竿搭起高得令人眼晕目眩的架子，人盘在上面扎彩绸彩纸。清朝慈禧和光绪从西安返回北京的时候，正阳门箭楼城台上搭起的那座高耸入云的彩牌楼就是他们的手艺。

赵鹏飞马上派人，敲开他熟知的一户棚彩匠兄弟的家。这对兄弟听说是为开国大典爬旗杆，二话没说，爬起来跟着来人就走。

到了现场，仰头看了看旗杆，兄弟中的一位没有多言，像杂技演员一样轻盈地顺着云梯爬到旗杆上。抓住旗杆，灵巧地手攀脚盘，动作灵活，很快就攀到了细细的旗杆顶，几下就解开了被绞在一起的红布。

下面的人全松了一口气。大家立刻检修，直到太阳从东方升起，自动设计装置才修理好，经反复试验，确认没有任何故障，所有的人这才把心放下了。

1949年10月1日，伴随着开国大典，毛主席将新中国第一面五星红旗升起。那面巨大的国旗缓缓地在蓝天里展开，定格在22.5米高的白色铁杆上。

国庆"十大工程"的施工建设 [1][2]

1957年起，赵鹏飞作为上级主管部门领导北京市土木建筑工程学

[1]　沈勃.北平解放 首都建设札记［M］.北京：北京市城市建设档案馆，2004.

[2]　高玉瑛.《建筑的奇迹　时代的辉煌》节选：关于赵鹏飞的回忆［J］.建筑创作，2014（11）：376.

校工作，1958 年兼任北京建筑工程学院（1958 年，北京市土木建筑工程学校更名为北京建筑工程学院）院长。这段时间正值学校由中专升格大学的重要时期，也是新中国国庆"十大工程"建设的重要时期。

1958 年，赵鹏飞协助万里同志负责国庆"十大工程"的全面工作。周总理、彭真、刘仁等同志都十分关心国庆工程，不断给予重要指示。在万里同志的具体领导下，赵鹏飞同志深入群众，了解情况，把领导的指示恰当地落实到工程的各项工作当中，展示了很高的才能。

国庆"十大工程"项目确定后，工程建设的总指挥一职就落在了赵鹏飞的身上，他一手狠抓各项工程的设计早日出图，一手狠抓施工现场的前期准备。他深知中央对人民大会堂工程的关注程度，以人民大会堂的建设作为重中之重，亲自主抓，以点带面指导推动其他国庆工程，精心组织实施。

1958 年 10 月 25 日，设计单位向施工单位发放了施工基础刨槽图。10 月 28 日正式开工，几千名建设者奋战在工地。为了避免混乱，扭转一窝蜂的被动局面，赵鹏飞来到工地及时召开现场会，传达中央领导同志的"把大楼当作小楼盖"的指示，明确提出要两条腿走路、分兵攻关、步步为营的施工方针。他指出：不要光靠苦干蛮干，要靠科学的组织管理工作。他提出了施工中采取分层负责、分段包干的管理办法，要求各施工单位对自己分管的施工项目，摸清底数，走一步看两步，超前预设施工方案和进度计划，按施工进度提前提出供应设备材料的清单。要充分考虑下一步装修力量的调配；施工单位要有进有出，不要造成在现场窝工的情况。会后赵鹏飞还亲自主抓了"集中领导、统一指挥、分层负责、分段包干"责任制的落实，实行"总指挥部、分指挥部和工段指挥部"三级指挥系统相结合。

通过一系列措施的贯彻执行，整个工地形成井然有序、"上不忙乱，下不被动"文明施工的良好局面。

为了进一步加快建设进度，赵鹏飞又提出：把整个工程，按不同阶段分成若干个大战役和小战役，领导干部要亲临现场指挥并带头参加劳动，工人各班组之间要开展劳动竞赛，及时表扬先进，并组织有经验的工人参加生产管理，充分调动了广大劳动者的生产热情。

在人民大会堂的施工过程中，组织了上百次大小不同的战役，大型战役赵鹏飞都要亲自动员，提出具体要求和注意事项，如"大会堂结构工程"誓师大会、"宴会厅结构祝捷和装修工程"誓师大会等。

建造人民大会堂，需要在很短的时间内提供大批石料，特别是基座用什么样的花岗岩，当时意见不一致。后来，有人提出要用红色的花岗岩，以此表示新中国以无产阶级红色政权为基础。可是这样的石料到哪里找呢？

1959年1月底，房山县一个公社送来了一份样品，经过加工打磨以后，颜色确实不错。后来，就把这块三寸见方的花岗岩样品送给周总理看，周总理看后也认为很好。于是，就选定了用这种花岗岩做墙基的外饰面。

1月的一天晚上，赵鹏飞询问起石料加工的事，他敏锐地意识到，仅凭一小块样品，不能说明石料问题就解决了，大块石头的质量如何？开采、加工、运输中有什么问题？这些接踵而来的问题让赵鹏飞心中无底。赵鹏飞决定到现场调研。

2月初的一天早晨，天空纷纷扬扬下起了大雪，赵鹏飞和沈勃等人来到房山县花岗石的出产地。说明来意后，公社负责人带大家来到生产石头的大队。当地的生产大队长，当即拿起两把榔头，踏着雪带大家上了村东的小山。经大队长的指点，赵鹏飞他们才知道之前所用的石样是从山上一块浮石上取下来的。这些浮石每块体积三四立方米，而且用榔头敲开表皮检查时，石质很不均匀。当问及要在短时间内采集几百立方米石料有没有困难时，生产队长却一口答应："有什么困难都能克服。"回到村里，赵鹏飞看到很多院墙就是用这种红色花岗石块砌筑的，都已出现大块的黑斑。仔细了解，原来这种花岗石含有大量的磁铁矿，初始时颜色发红，但被空气氧化后就变成了黑色。所以这种石料是根本不能用的，必须改用其他石料。

1959年1月18日，周总理视察人民大会堂工地，左二为赵鹏飞（选自《雪泥鸿爪话当年》）

回来后，赵鹏飞很快向周总理做了汇报，及时改用现在这种淡黄色花岗石，做出了正确的工程决策，保证了工期。

除此之外，为了确保大会堂巨大屋顶的钢骨屋架和礼堂二、三层挑台钢结构的制造质量和进度，赵鹏飞会同铁道部、冶金部、北京市城市规划管理局设计院的三位总工程师一起到唐山、沈阳等地的铁道桥梁厂，亲自检验督办钢梁的质量和交货时间、运送北京等诸项事宜。日夜辛劳，往返三天只在车上睡了六小时。

自1958年9月市政府召开两次关于国庆工作的会议起，至1959年9月国庆"十大工程"全部竣工，赵鹏飞在那些昼夜施工的日子里，没日没夜地工作着，吃住都在办公室，就连1959年春节的年三十都是在办公室和工地上度过的。为了掌握各工地工作进展情况及存在的问题，各工地都派了工作组或联络员，每天夜里12点以后回到办公室向赵鹏飞汇报各工地进展情况和群众反映。每天夜里一两点以后会议才开始，会上遇到问题当即解决，当解决完问题时，天也大亮。这些只是每天发生的日常工作。在赵鹏飞眼里各阶段工程都是一次战役。要想如期保质地完成工程，不仅需要思想动员、肯定成绩、鼓舞士气，而且要对下一阶段工程做出具体指示，提出要求，对存在的问题提出解决的措施。实事求是、调查研究是如期如质完成工程最重要的两个法宝。

短短几个月时间里，著名的"十大工程"拔地而起，成为新中国建设成就的象征，成为古都北京的标志性建筑。这背后融进的是赵鹏飞的艰辛、努力、智慧与付出，也成为他毕生的骄傲。

毛主席纪念堂建设

1976年9月9日，毛主席在北京逝世。10月8日，中共中央、全国人大、国务院、中央军委做出了关于建立毛主席纪念堂的决定。但是，究竟在哪儿保存毛主席遗体呢？

为做好毛主席纪念堂的建筑和遗体保护工作，成立了由当时国务院副总理谷牧为主任的中央保护毛主席遗体领导小组，下设"毛主席纪念堂设计组"，时任北京市建委主任的赵鹏飞任组长。成立当天，领导小组就急速通知北京、天津、上海等8个省市选派有声望的建筑师来京，参加选址和设计工作。

11月6日，中央政治局集体审查通过纪念堂设计初步方案，但要求进一步改进。[①] 但是，当时有关地下工程保密很严，建筑师们不了解，纪念堂内部的设置也一时定不下来，所以建筑师们难以下笔。赵鹏飞焦急似火。

在这种情况下，赵鹏飞、沈勃等同志商议，以沈勃同志为主，在各位教授和建筑师研究的基础上，综合大家的意见，用了一整夜的时间，勾画出纪念堂实施方案草图。第二天天一亮，他就将草图交给了北京市建筑设计院的方伯义，方伯义在草图基础上，画出了正式方案。后来，这个方案经逐层上报，终于

赵鹏飞的墨迹（选自《雪泥鸿爪话当年》）

确定了下来。确定的纪念堂建筑形式为正方形，八开间，重檐屋顶，两层红花岗岩台基，绕以汉白玉栏杆，廊柱为正方形抹小角。

---

① 张树德.红墙大事：共和国重大历史事件的来龙去脉（下）[M].北京：团结出版社，2017：778.

　　在进行毛主席纪念堂总体设计时，有人提出一个问题：纪念堂的正门朝北，如果天安门广场进行集会时，群众都面向天安门，背对纪念堂，感到这样似乎不妥当，可一时又提不出解决的好办法。后来赵鹏飞提出一个想法，就是把纪念堂庭院的东西两侧向里缩，使两侧广场面积扩大，一旦举行群众大会时，可以在纪念堂东西两侧和南北方向都有群众环绕。这样就形成了毛主席纪念堂在人民群众之中，背向的问题也就解决了。这个意见得到大家的赞同和认可。

　　沈勃在回忆录里谈道："1976年9月18日，党中央在天安门广场举行毛主席追悼大会，群众队伍就是这样布置的，效果很好。这是赵鹏飞的独到见解，使得这一伟大工程得以画上圆满句号。"

　　赵鹏飞为首都城市建设贡献了不可磨灭的力量，表现出了极强的组织领导魄力和敢于担当的精神。他参与的这些重大工程如今已经成为新中国的标志性建筑。他为新中国首都城市的建设谱写了一首壮丽的赞歌。这也将成为北建大人为首都城乡建设赓续奋斗的不竭动力源泉。

　　本文根据赵鹏飞口述史《雪泥鸿爪话当年》改编而成。

后 记

为帮助广大师生深入学习贯彻习近平新时代中国特色社会主义思想，落实立德树人根本任务，增强学校百年历史文化底蕴，明确时代职责与使命，更加奋发有为地推动学校事业新发展，北京建筑大学文化发展研究院组织编写了《红色工学——北京建筑大学校史中的革命历史印记》一书。

本书展现了学校百余年来在中国共产党领导下的艰辛奋斗史、实践探索史和自身建设史。主要记述了学校自1907年成立以来，1919年五四运动萌生红色基因，历经抗日战争、解放战争，至新中国成立后参加首都北京城乡建设的红色历史。本书坚持学术与政治、研究与宣传、宏观与微观、历史与逻辑、严谨与通俗的有机统一。全书共分为上、下两个篇章。上篇"历史篇"以北京党史脉络为主线，梳理了学校重要的红色历史事件，展现了学校与国家发展和民族振兴同呼吸共命运的责任与担当；下篇"人物篇"精选了在革命和建设中做出突出贡献的11个典型人物，以展现北建大人在筚路蓝缕中坚守初心、勇担使命的信念与追求。通过阅读本书，不仅可以全面了解学校党组织带领全校师生艰苦奋斗、奋发图强的光辉历程，更能从中获得不忘初心、继续前进的丰富营养和不竭动力。

　　本书凝结着众多同志的心血，是集体合作的成果。北京建筑大学党委副书记王逸鸣教授对编写工作提出了指导性意见，党委常委、宣传部部长魏楚元教授对本书初稿进行了认真审阅。同时，编写组聘请了校外党史专家刘岳研究员、谭烈飞研究员、王建伟教授以及校内专家王锐英研究员、张素芳研究员、齐勇教授先后对书稿进行了审读修改。北京建筑大学文化发展研究院／人文学院党总支书记孙冬梅研究员、院长秦红岭教授对本书出版给予了大力支持。在此一并表示衷心感谢。

　　本书由李守玉、孙希磊负责撰写并统稿。

　　本书是教育部人文社会科学研究高校思想政治理论课教师研究专项一般项目"建筑类高校思政课与建筑文化融合育人的建构逻辑与实践路径研究"（22JDSZK007）、中国建设教育协会一般项目"红色校史融入建筑类高校党建工作的路径研究"（2023121）、北京建筑大学2022年校级教育科学研究重大项目"'大思政'工作格局下建筑类高校思政课融合育人创新体系研究"（Y2201）、北京建筑大学党建与思想政治工作立项2023年重点课题"北京建筑大学红色校史挖掘与传播路径研究"等课题的阶段性研究成果。

　　由于时间仓促和水平有限，书中难免存在疏漏和不足之处，敬请广大师生批评指正。

本书编写组

2023年12月